Gotthold Bötticher

Die Litteratur des achtzehnten Jahrhunderts

von Klopstock, ausgewählt und erläutert

Gotthold Bötticher

Die Litteratur des achtzehnten Jahrhunderts
von Klopstock, ausgewählt und erläutert

ISBN/EAN: 9783744674843

Hergestellt in Europa, USA, Kanada, Australien, Japan

Cover: Foto ©Thomas Meinert / pixelio.de

Weitere Bücher finden Sie auf **www.hansebooks.com**

Denkmäler

der

Älteren deutschen Litteratur

für den litteraturgeschichtlichen Unterricht
an höheren Lehranstalten

im Sinne der amtlichen Bestimmungen

herausgegeben

von

Dr. Gotthold Bötticher,
Oberlehrer am Lessing-Gymnasium

und

zu Berlin

Dr. Karl Kinzel,
Oberlehrer am Grauen Kloster

IV.
Das 17. und 18. Jahrhundert.
2. Die Litteratur des 18. Jahrhunderts vor Klopstock.

Halle a. S.,
Verlag der Buchhandlung des Waisenhauses.
1893.

Die Litteratur

des

achtzehnten Jahrhunderts

vor Klopstock.

Ausgewählt und erläutert

von

Gotthold Bötticher.

Halle a. S.,

Verlag der Buchhandlung des Waisenhauses.

1893.

Vorwort.

Mit diesem Hefte ist die Aufgabe, die wir uns gestellt hatten, und deren Plan wir in den Vorbemerkungen zu den ersten Heften entwickelt haben, erledigt. Dem einen mag dies, dem andern jenes darin überflüssig, oder doch für die Schule nicht gerade nötig erscheinen, aber die Auswahl durfte nicht zu knapp bemessen werden, und unter den in der Einleitung gegebenen Gesichtspunkten wird sich auch alles fruchtbar verwerten lassen, wenn es die Zeit erlaubt. Erweiterungen unserer Sammlung sind nicht ausgeschlossen, das Bedürfnis mag darüber entscheiden. Möge die freundliche Aufnahme, die unsere Hefte bis jetzt gefunden haben, auch diesem neuen beschieden sein.

Berlin, im Januar 1893.

Inhalt.

Einleitung.

Die erste Hälfte des achtzehnten Jahrhunderts ist eine Zeit des Ringens und Werdens. Die schöne Entfaltung der geistlichen Lyrik des 17. Jahrhunderts hatte auf die weltliche Dichtung keinen Einfluß geübt; sie bildete ein Reich für sich und wurde zur deutschen Litteratur im heutigen Sinne gar nicht gerechnet. Nur der eine Johann Christian Günther erscheint zu Anfang des 18. Jahrhunderts wie ein Vorbote einer besseren Zeit, in der sich die deutsche Lyrik sowohl von den Fesseln verstandesmäßiger Lehrhaftigkeit und Nachahmung als auch von schwülstiger und zügelloser Phantasterei befreien sollte. Er giebt wirklich inneres Leben und Empfinden in einfacher, aus dem Herzen quellender Sprache. Allein er war zu wenig Charakter und ging zu früh zu Grunde, als daß er einen umgestaltenden Einfluß hätte ausüben können. Erst der Versuch Gottscheds, eine umfassende Kunsttheorie auf der Grundlage Opitzischer Anschauungen aufzustellen und deren unbedingte Befolgung diktatorisch zu verlangen, forderte den Widerspruch heraus. Der rote Faden, der sich durch diese ganze Periode des Ringens hindurchzieht, ist der Kampf um das Recht der Natur. Auch Gottscheds Bestrebungen haben schon Anteil daran, denn auch er stellt an die Spitze seiner Forderungen die Nachahmung der Natur. Aber er kennt sie nur in dem Rahmen verstandesmäßig abgegrenzter Regelmäßigkeit. Bodmer und Breitinger fordern ihm gegenüber das Recht der Phantasie, da diese auch zur Natur gehöre, sehen aber ihr Wesen zunächst nur im Wunderbaren und kennen im übrigen auch nur die eine Aufgabe der Poesie, durch Ergötzung zu belehren. Auch sie waren daher noch weit entfernt, den Kern der Sache zu erfassen, und Lessing hatte alle Ursache, die Kunstübung auch von den schweizerischen Irrtümern zu reinigen, wie er es in der zweiten Abhandlung über die Fabel und im Laokoon gethan hat.

Erst nach dem Auftreten wirklicher Dichter, wie Klopstock und Wieland, klärte sich das Verständnis des Satzes von der Nach= ahmung der Natur Aus der durch sie sowie durch Herder, Lessing und die Bekanntschaft mit Shakespeare, Homer und Ossian herbeigeführten „Sturm= und Drangperiode" ging die geläuterte, auf die tiefsten Bedürfnisse des Herzens gegründete Ästhetik, die wahre Erkenntnis von der Nachahmung der Natur in der Dich= tung hervor, wie sie in Goethe und Schiller Ausdruck fand.

Diese geläuterte Erkenntnis bestand darin, daß man die Nachahmung der Menschennatur, also das ganze Gebiet des sittlichen Lebens, als den eigentlichsten Wirkungskreis des Dichters verstehen lernte. Den ersten, wenn auch noch unsichern, Schritt dazu hatten die genannten Züricher Ästhetiker in rein theoretischen Erörterungen gethan. Aber auch die positiv schaffen= den Geister fehlten nicht, schon vor Klopstock. Als Dichter, die sich nicht unter die pedantischen Kunstregeln beugten und schon individuell gestalteten, sind der Züricher Haller und der Ham= burger Hagedorn zu nennen, jener hauptsächlich in der Natur= beschreibung („die Alpen"), dieser in der Erzählung und in anakreontischen Liedern. Die folgende Auswahl berücksichtigt nur Hagedorn.

Entscheidend aber war, daß Hand in Hand mit jenen kunst= theoretischen Arbeiten das allmähliche Wiedererwachen der natio= nalen Ideale ging, denn diese sind im Mittelalter wie in der Neuzeit, ja in jedem Volke und unter allen Verhältnissen die Erzeuger litterarischer Blüteperioden gewesen. Wie im Mittel= alter das ritterliche Ideal deutscher Gottesfurcht, Ehre, Treue und Minne sich allmählich herausbildete und der Inhalt unse= rer ersten klassischen Litteraturperiode wurde, so traten jetzt all= mählich in den Mittelpunkt des sittlichen Lebens eigentlich die= selben, nur in der Zeit etwas anders gestalteten Ideale: Fröm= migkeit und Tugend, Freundschaft und Vaterlandsliebe. Die Manneswürde und Mannesehre, die der Ritterehre entspricht, tritt erst etwas später — in der Sturm= und Drangperiode — hinzu. Als die ersten Zeugnisse von der neuen Befruchtung der Poesie durch diese Ideale haben wir Brockes' (aus Hamburg) religiöse Naturdichtung („Irdisches Vergnügen in Gott"), sowie die Dichtungen des sogenannten Leipziger und Hallischen Dichter= kreises anzusehen, deren hauptsächlichste Vertreter, Gellert, Kleist, Gleim, Ramler, wir hier in einer Auswahl ihrer besten Werke

zur Kenntnis bringen. Gellerts geistliche Lieder sowohl wie seine
Fabeln und Erzählungen, Kleists Verherrlichungen von Freund=
schaft, Tugend, Landleben und opferfreudiger Vaterlandsliebe,
Gleims Grenadierlieder und Ramlers Oden, sie alle sind Zeug=
nisse eines neu erwachenden Lebens, das die alten Formen des
Daseins nur noch nicht zu sprengen vermochte. — Mitten unter
ihnen aber stand schon der, der die einengenden Schranken mit
genialem Schwunge durchbrach und Deutschland in Verehrung zu
seinen Füßen sah — Klopstock.

So dürfte also der Inhalt dieses Heftes wohl geeignet sein,
die beiden Aussprüche, die gewissermaßen als Leitsätze voran=
gestellt sind, den Friedrichs des Großen aus seiner Schrift De
la littérature allemande und den Goethes aus Dichtung und
Wahrheit, zu erläutern und verstehen zu lehren, damit aber auch
ein tieferes geschichtliches Verständnis der folgenden Glanzzeit
zu fördern. Die merkwürdige Erscheinung, daß der große König
sich so gänzlich ablehnend gegen die ihm bekannten deutschen
Dichter verhielt und doch so wesentlich zur Erneuerung des litte=
rarischen Lebens beitrug, bedarf an dieser Stelle keiner weiteren
Erörterung.

Nous aurons nos auteurs classiques; chacun, pour en profiter, voudra les lire; nos voisins apprendront l'allemand, les Cours le parleront avec délice; et il pourra arriver que notre langue polie et perfectionnée s'étende en faveur de nos bons Ecrivains d'un bout de l'Europe à l'autre. Ces beaux jours de notre Littérature ne sont pas encore venus; mais ils s'approchent. Je vous les annonce, ils vont paraitre.

Friedrich der Grofse.
De la littérature Allemande.

Der erfte wahre und höhere eigentliche Lebens=gehalt kam durch Friedrich den Großen und die Thaten des ſiebenjährigen Krieges in die deutſche Poeſie.

Goethe.

I.

Johann Christian Günther,

geb. 8. April 1695 zu Striegau, besuchte die Schule in Schweidnitz und studierte in Wittenberg und Jena, wo er 1723 infolge seines ausschweifenden Lebens starb. An poetischem Talent überragte er alle seine Zeitgenossen, seine Gedichte sind ein auch in der Form hochstrebender Ausdruck seines ganzen, von Leidenschaft erfüllten Innern, besonders des sittlichen Ringens seiner edleren Natur gegen seine wilden Leidenschaften, aber „er wußte sich nicht zu zähmen, und so zerrann ihm sein Leben wie sein Dichten.“ (Goethe.) Er ist gleichsam als Vorbote der modernen deutschen Lyrik zu betrachten.

1. Studenten-Lied.

Brüder! laßt uns lustig sein,
Weil der Frühling währet,
Und der Jugend Sonnenschein
Unser Laub verkläret.
Grab und Bahre warten nicht;
5 Wer die Rosen jetzo bricht,
Dem ist der Kranz bescheret.

Unsers Lebens schnelle Flucht
Leidet keinen Zügel,
Und des Schicksals Eifersucht
10 Macht ihr stetig Flügel:
Zeit und Jahre fliehn davon,
Und vielleichte schnitzt man schon
An unsers Grabes Riegel.

Wo sind diese? sagt es mir,
15 Die vor wenig Jahren
Eben also, gleich wie wir,
Jung und fröhlich waren?

---

1 Augenscheinlich eine Bearbeitung der ersten Strophen des Gaudeamus igitur. Die Ansicht, daß das lateinische Lied erst nach diesem Güntherschen deutschen Liede gedichtet sei, ist unbegründet. — 2 weil — während.

Ihre Leiber deckt der Sand,
Sie sind in ein ander Land
20　Aus dieser Welt gefahren.

Wer nach unsern Vätern forscht,
Mag den Kirchhof fragen:
Ihr Gebein, so längst vermorscht,
Wird ihm Antwort sagen.
25　Kann uns doch der Himmel bald,
Eh die Morgenglocke schallt,
In unsre Gräber tragen.

Unterdessen seid vergnügt,
Laßt den Himmel walten!
30　Trinkt, bis euch das Bier besiegt,
Nach Manier der Alten.
Fort, mir wässert schon das Maul,
Und ihr andern seid nicht faul,
Die Mode zu erhalten.

2. Als er sich seiner ehemaligen Jugendjahre mit Schmerzen erinnert.

Wo ist die Zeit, die goldne Zeit,
Wo sind die süßen Stunden,
Worin ich von der Eitelkeit
Noch wenig Gram empfunden?
5　Ich war ein Kind, ich trieb mein Spiel,
Das selbst der Unschuld wohlgefiel,
Und durft' an keinem Morgen
Vor Kleid und Nahrung sorgen.

Die Einfalt gab mir Fried und Ruh,
10　Der Unverstand viel Glücke;
Es setzte mir kein Zweifel zu,
Viel minder Neid und Tücke;
Kein Ehrgeiz plagte Geist und Sinn;
Ich lebt in aller Hoffnung hin
15　Und fühlte kein Entzünden
Noch unbekannter Sünden.

Ich schwör es, die Zufriedenheit
Der armen Christtagsbürde
War dort von größrer Zärtlichkeit,
20   Als wenn ich Domherr würde.

Der Eindruck von derselben Lust
Erwacht mir noch in Mark und Brust,
So oft ich nur die Lehre
Des Weihnachtstextes höre.

25   Von Fabeln bei der Rockenzunft
Empfand ich mehr Vergnügen,
Als jetzt von Schlüssen und Vernunft,
In welchen Knoten liegen;
Ja, wenn mir auf der Ofenbank
30   Ein Lied vom deutschen Kriege klang,
So schien die alte Grete
Mein künstlichster Poete.

Ein Garten, den des Vaters Schweiß
Stets vor der Tauzeit netzte,
35   Versüßte mir den Bücherfleiß,
Womit er mich ergetzte.
Oft war ein Nest voll Vögel da,
Da klang ein froher εἴρηκα,
Als dessen kaum geklungen,
40   Der aus dem Bad entsprungen.

Die Nachbarskinder ließen mir
Die Ehre, sie zu lenken,
Da spielt= und lacht= und sprungen wir
Auf Rasen, Berg und Bänken.
45   Was dieser hört' und jener sah,
Das in der großen Welt geschah,
Das sucht ich auch mit vielen
Im Kleinen nachzuspielen.

———   ———

17—20 Eine etwas gespreizte und unklare Umschreibung für den
einfachen Gedanken: Bei den bescheidenen Christtagsfreuden der Armut
war ich glücklicher, als. — 38 froher, Komparativ. — 40 Archimedes
soll das hydrostatische Gesetz vom spezifischen Gewicht im Bade gefunden
haben und mit dem Ausruf εἴρηκα hinausgesprungen sein. — 43 Sehr
freie, unzulässige Abkürzungen; sprungen richtige alte Form.

Der Schweden Beispiel weckt' einmal
In uns viel Andachtsflammen;
Wir knieten in gehäufter Zahl
Auch öffentlich zusammen.
Der Eifer war mehr Ernst als Schein,
Und unser täglich Himmelsschrein
Hat etwan auch viel Plagen
Des Vaterlandes verschlagen.

Wie ernstlich war ich dort ein Christ!
Wie brannt' oft mein Verlangen,
Dich, der du unser Heiland bist,
Persönlich zu umfangen!
Wie freudig dacht' ich an den Tod!
Ach Gott, gedenk einmal der Not,
Vor die ich, als ein Knabe,
Vorausgebetet habe.

Mit was vor Liebe, Trost und Treu
Konnt' eins das andre klagen,
Wenn etwa blinde Tyrannei
Das Stiefkind hart geschlagen!
Wir stritten leicht; doch aller Streit
War stündliche Versöhnlichkeit,
Und von der Eltern Gaben
Mußt' jeder etwas haben.

Jetzt lern' ich leider allzu früh
Des Lebens Elend kennen;
Es ist doch nichts, als Wind und Müh,
Wornach wir sehnlich rennen.
Es gaukeln Reichtum, Stand und Kunst,
Die Wollust macht nur blauen Dunst.
Und was wir so begehren,
Muß allzeit Neu gebaren.

Mein eignes Kreuz ist überhaupt
Ein Bündnis aller Schmerzen,

---

49) Vielleicht Erzählungen aus dem dreißigjährigen Kriege. Aber auch Karl XII., der 1706 durch Schlesien zog, soll Morgen und Abend andachten gehalten haben. — 63 vor = für. Not, Todesnot.

Und geht mir, weil es niemand glaubt,
Empfindlich tief zu Herzen.
Ach Himmel, mindre meine Qual!
Wo nicht, ſo laß mich doch einmal
Nur eine Gunſt erwerben,
Und mehre ſie zum Sterben.

---

3. Abendlied.

Abermal ein Teil vom Jahre,
Abermal ein Tag vollbracht!
Abermal ein Brett zur Bahre
Und ein Schritt zur Gruft gemacht.
Alſo nähert ſich die Zeit
Nach und nach der Ewigkeit;
Alſo müſſen wir auf Erden
Zu dem Tode reifer werden.

Herr und Schöpfer aller Dinge!
Der du mir den Tag verliehn,
Höre, was ich thränend ſinge,
Laß mich würdig niederknien:
Nimm das Abendopfer hin,
Das ich heute ſchuldig bin!
Denn es ſind nicht ſchlechte Sünden,
Welche mich dazu verbinden.

Treuer Vater, deine Güte
Heißet überſchwenglich groß!
Drum erquicke mein Gemüte,
Sprich mich lebig, frei und los!
Gieb der Buße ſtets Gehör:
Denn dein Knecht verſpricht nunmehr,
Dein Geſetze, deinen Willen
Nach Vermögen zu erfüllen.

Das Verdienſt der vielen Wunden,
Die mein Heiland ſcharf gefühlt,
Hat in ſeinen Todesſtunden
Deine Zornglut abgekühlt.

Schweig, wenn dieſes Löſegeld
30 Meiner Schuld die Wage hält,
Und beſchicke mich im Schlafe
Durch kein Aufgebot der Straſe.

Laß mich an der Bruſt erwarmen,
Die am Kreuze nackend hing!
35 Wiege mich in deſſen Armen,
Der den Schächer noch umfing!
Stelle mir der Engel Chor
Als die beſte Schildwacht vor!
Satan möchte ſonſt ein Schrecken
40 In der Finſternis erwecken.

Gute Nacht, ihr eitlen Sorgen!
Ich begehre meiner Ruh!
Jeſus ſchließet bis auf morgen
Auge, Thür und Kammer zu.
45 Sanftes Lager, ſei gegrüßt!
Weil du deſſen Vorbild biſt,
Das ich dermaleinſt im Grabe
Sicher zu erwarten habe.

4. Zuverſicht im Elend.

Laßt mich doch nur in der Still'
Ohne Licht und Zeugen weinen,
Weil der Himmel gar nicht will,
Daß mir beßre Tage ſcheinen:
5 Die Bekümmernis der Bruſt
Wird durch Mitleid nicht zur Luſt.

Meines Lebens ſchwerer Lauf
Iſt fürwahr ſo kurz als böſe:
Seh' ich gleich mit Sehnſucht auf,
10 Ob und wer mich bald erlöſe,
Seh ich gleichwohl allemal
Für den Stern den Donnerſtrahl.

Nicht verzweifeln iſt ein Werk
Derer, die noch mäßig tragen.

15 Hier ein Abgrund, dort ein Berg,
Abends Jammer, Morgens Klagen:
Also wechselt bis ins Grab
Elend stets mit Elend ab.

Seufzer sind mein Zeitvertreib,
20 Brot und Trunk mischt Asch und Thränen;
Kreuz und Schwachheit biegt den Leib,
Und die Seele lechzt mit Sehnen,
Wie ein matt und durstig Reh,
Nach der Hülf' aus Salems Höh'.

25 Freunde weichen wie das Laub,
Welches Wind und Herbst verjagen;
Feinde treten mich in Staub,
Neider spotten meiner Klagen,
Alles lacht und flieht von mir,
30 Nur die Unruh' bleibet hier.

Ach, wie schrei' ich, ach, wie viel
Werden mir die langen Nächte!
Sieht die Hoffnung gar kein Ziel,
Daß sie sich erholen möchte?
35 Soll, o Gott, denn meine Pein,
Wie dein Eifer, ewig sein?

Doch was überfällt mein Herz
Für ein innerlicher Frieden?
O, wo ist's denn schon vor Schmerz?
40 Bin ich etwa gar verschieden?
Oder giebt ein Traumgesicht
Mir nur Schatten für das Licht?

Herr, verzeih' der Ungeduld,
Denn jetzt seh' ich deine Stärke,
45 Und die große Vaterhuld
Wird an mir zum Wunderwerke,
Und erquickt mich in der That,
Wie der Thau die welke Saat.

Sünden, greift mich grausam an!
50 Sorgen, kränkt mein schwach Gemüte!

Ich verbeiße, was ich kann.
Feinde, raset! Mißgunst, wüte!
Herr, mein Glaube und dein Wort
Stärkt mich hier und hält mich dort.

— • —

Gottsched und seine schweizerischen Gegner Bodmer und Breitinger.

Der sogenannte „Streit der Leipziger und Schweizer" hat den Grund gelegt zu einem tieferen Eindringen in das Verständnis vom Wesen und der Aufgabe der Poesie und der Kunst überhaupt. Lessing hat durch seine kritischen Schriften, im Laokoon und in der Hamburgischen Drama turgie, beide Parteien abgethan, aber gerade zum Verständnis der Be= deutung Lessing'scher Kritik ist ein Einblick in diesen berühmten litterari= schen Kampf notwendig. Hier seien die wichtigsten Punkte, um die es sich handelte, vorangestellt, die nachfolgenden Stellen aus den wichtigsten Werken der Streitenden sollen die Belegstellen dazu sein.

1. Das Gemeinsame zwischen beiden ist die Auffassung der Poesie als Nachahmung der Natur, und zwar als gleichsam redende Malerei. Schön und darstellenswert nach beiden ist nur das Unge wohnte, Neue; dessen höchste Stufe ist das Wunderbare, das Wun derbare muß aber immer wahrscheinlich bleiben. Über den Unterschied der redenden und bildenden Künste, den Lessing im Laokoon bahnbrechend behandelt, haben beide nur unklare und ganz oberflächliche Ansichten. Sie stimmen ferner überein in der Ansicht von der Aufgabe der Poesie: sie soll moralisch bessern und belehren, und dies thut sie in der Form ergötzender, angenehmer Unterhaltung.

2. Die Gegensätze zwischen beiden beruhen im letzten Grunde nur darauf, daß Gottsched für die gesammte dichterische Thätigkeit, sowohl hinsicht lich der Naturnachahmung (d. i. des Stoffes) als hinsichtlich der Ergötzung, d. h. der dichterischen Einkleidung (der Form) die Vernunft oberste Richterin sein läßt, während die Schweizer der Phantasie den weitesten Spielraum einräumen als einem Reiche für sich mit seinen eigenen Ge setzen, nämlich denen des ästhetisch Schönen. So gipfelt schließlich der Gegensatz in ihren Lehren vom Wunderbaren und dessen Verhältnis zum Wahrscheinlichen in der Poesie. Dies zu erläutern dienen die unten angezogenen Abschnitte. Damit hängt endlich auch die Aufstellung der Muster zusammen. Gottsched konnte sie nur in der verstandes= mäßigen Regelmäßigkeit der Franzosen finden, Bodmer und Breitin-

ger dagegen in der auf Shakespeare beruhenden, den Franzosen abge
neigten, freieren Kunstübung der Engländer. Daher ist es auch
begreiflich, daß neben Homer Miltons Verlorenes Paradies der Anlaß
zum Streite wurde, und daß Bodmer der begeisterte Verehrer Klopstocks
war. So wurde es schließlich ein Kampf des ästhetischen Geschmacks
gegen Pedanterie, der Sache der freien schöpferischen Dichterkraft gegen
philiströse Engherzigkeit, des Idealismus gegen den Realismus.

3. Verdienste haben beide Parteien gehabt. Gottscheds Verdienste beruhen in seinen begeistert durchgeführten Kämpfen gegen die
Willkür, Regellosigkeit und Roheit, die im Gebrauch der Schriftsprache
und auf dem Theater eingerissen waren. In seiner „Sprachkunst"
stellte er das obermeißnische Idiom als Muster auf, und dadurch hat er
wirklich zur Festigung der Schriftsprache, überhaupt des höheren schrift-
stellerischen Stiles viel beigetragen. Aber auch für das Theater war
die Forderung, den französischen Klassicismus zum Muster zu nehmen,
zunächst ein bedeutender Fortschritt, insofern dadurch überhaupt erst der
Geschmack und Sinn für künstlerische Darstellung geweckt wurde — eine
durchaus notwendige und heilsame Schule für die darniederliegende deutsche
Dichtung. Auch der entschlossene Kampf gegen die Harlekin und die
sinnlose Oper gehören hierher und sind nicht so niedrig anzuschlagen,
wie Lessing es im 17. Litteraturbriefe darstellt. Es waren die ersten
großen Thaten zur Verbesserung des Geschmacks. Die „kritische Dichtkunst" aber ist überhaupt das erste umfassende kunsthistorische Handbuch
der Deutschen. Allein Gottsched blieb in seiner beschränkten rationalisti-
schen Kunstauffassung bei diesem Anfang höherer ästhetischer Forderungen stehen, machte den heilsamen Durchgang und die nützliche Schule
zum Endzweck aller poetischen Darstellung und hatte für das eigentliche
Wesen aller Kunst, den schöpferischen innern Drang, der Darstellung
des eigensten Innern, kein Verständnis.

Die Verdienste der Schweizer beruhen weit weniger auf posi
tiven Arbeiten, auch nicht auf einer principiell richtigeren, tieferen kunst
historischen Erkenntnis, sondern lediglich in der Geltendmachung des
Rechtes der Phantasie und der dichterischen Eigenart gegenüber den
schablonisierenden Gesetzen. Betraf dies auch zunächst nur die Darstel
lungsmittel, so mußte doch bald die Auffassung vom Wesen der Poesie
dadurch beeinflußt werden, und insofern sind sie Bahnbrecher eines
tieferen Verständnisses von Wesen und Aufgabe der Poesie geworden.
Aber es kam bei ihnen zu keiner durchgreifenden und durchgebildeten
Kunstanschauung. Sie betonten nur einseitig das Recht der Phantasie
und wollten das Wunderbare geradezu zum wichtigsten Gegenstande der

Poesie machen; ja sie sahen darin das Wesen der Poesie. Sie bemerk=
ten einen Funken und hielten ihn in ihrem noch beschränkten Gesichts=
kreise für das helle Licht der Wahrheit.

II.
Johann Christoph Gottsched.

Zu Judithenkirchen bei Königsberg am 2. Februar 1700 geboren, 1723 zu Königsberg
Magister, 1724 Docent in Leipzig, 1730 außerordentlicher, 1734 ordentlicher Professor,
1766 am 12. Dezember gestorben.

Sein ganzes Streben war von nationalem Sinne geleitet. Er
wollte, wie einst Opitz, die deutsche Dichtung von der Verachtung des
Auslandes retten und versuchte dies mit Hülfe seines für jene Zeit unver=
gleichlichen reichen Wissens auf historischem und kunsttheoretischem Gebiete.
Von 1730—1740 beherrschte er die litterarischen Bestrebungen in Deutsch=
land unumschränkt. Seine wichtigsten Schriften sind: Die Zeitschrift „Die
vernünftigen Tadlerinnen." Deutsche Schaubühne nach den Regeln der
alten Griechen und Römer eingerichtet. Leipzig 1740—1745 eine Samm=
lung von Musterdramen). Nötiger Vorrat zur Geschichte der deut=
schen dramatischen Dichtkunst, Leipzig 1757—65 (ein Verzeichnis aller
gedruckten deutschen Dramen seit 1450 und dadurch litteraturgeschichtlich
wertvoll). Grundlegung einer deutschen Sprachkunst, nach den Mustern
der besten Schriftsteller des vorigen und jetzigen Jahrhunderts abgefasset.
Leipzig 1748. (1776 sechste Aufl.) Versuch einer kritischen Dichtkunst
für die Deutschen. Leipzig 1730 (4. Aufl. 1751). Von seinen eigenen
Dichtungen ist „Der sterbende Cato", eine Tragödie nach französi=
schem Muster, zu nennen. (Vgl. darüber Lessing im 17. Litteraturbriefe.)

Goethe besuchte ihn, als er 1765 die Universität Leipzig bezogen
hatte, und berichtet in Dichtung und Wahrheit (Buch VII) von der Ge
ringschätzung, ja Verachtung, welcher der einstige Diktator der deutschen
Litteratur verfallen war.

Einige Sätze aus Gottscheds „Kritischer Dichtkunst".[1]
Kap. II. Vom Charakter eines Poeten.
Kap. III. Vom guten Geschmack eines Poeten.

„Im Gegensatz zu allen andern Gelehrten hat der Dichter
ganz allein dieses zu seiner Haupteigenschaft, daß er der Natur

[1] Versuch einer kritischen Dichtkunst, durchgehends mit den Exem
peln unserer besten Dichter erläutert. 3. Aufl. Leipzig. 1742.

nachahmet und sie in allen seinen Beschreibungen, Fabeln und
Gedanken sein einziges Muster sein läßt."

„Das ist nun, meines Erachtens, die beste Erklärung, die
man von dem Göttlichen in der Poesie geben kann; davon so
viel Streitens unter den Gelehrten ist. Ein glücklicher munterer 5
Kopf ist es, wie man insgemein redet; oder ein lebhafter Witz,
wie ein Weltweiser sprechen möchte: Das ist, was beim Horaz
ingenium et mens divinior hieß. Dieser Witz ist eine Gemüts-
kraft, welche die Ähnlichkeiten der Dinge leicht wahrnehmen und
also eine Vergleichung zwischen ihnen anstellen kann. Er setzet 10
die Scharfsinnigkeit zum Grunde, welche ein Vermögen der
Seelen anzeiget, viel an einem Dinge wahrzunehmen, welches
ein anderer, der gleichsam einen stumpfen Sinn oder blöden
Verstand hat, nicht würde beachtet haben. . . . . Die Einbildungskraft nämlich bringet, bei den gegenwärtigen Empfindungen, 15
sehr leicht wiederum Begriffe hervor, die wir sonst schon gehabet,
wenn sie nur die geringste Ähnlichkeit damit haben. Alle diese
Gemütskräfte nun gehören nicht in gemeinem, sondern in sehr
hohem Grade für denjenigen, der geschickt nachahmen soll: und
ein Poet muß dergestalt, sowohl als ein Maler, Bildschnitzer u. s. w. 20
eine starke Einbildungskraft, viel Scharfsinnigkeit und einen großen
Witz schon von Natur besitzen, wenn er den Namen eines Dichters mit Recht führen will. — Doch alle diese natürlichen Gaben
sind an und für sich selbst noch roh und unvollkommen, wenn
sie nicht aufgeweckt und von der ihnen anklebenden Unrichtigkeit 25
gesäubert werden."

Es gehört also nach Gottsched noch umfassende Gelehrsamkeit und
Bildung des Geschmacks dazu, und das erreicht man durch frühzeitige
und anhaltende Beschäftigung mit guten Dichtern. Unerläßliches Erfor-
dernis ist endlich „ein ehrliches und tugendliebendes Gemüt", weil jede
Dichtung belehren und bessern soll, und „derjenige Geschmack ist gut,
der mit den Regeln übereinkömmt, die von der Vernunft, in einer Art
von Sachen, allbereit festgesetzet worden", weshalb es auch nicht ver-
schiedenen guten Geschmack, sondern nur einen unter allen Menschen
und für alle Zeiten geben kann, dessen Richterin die Vernunft ist.
Auch die Alten sind nur deshalb Muster guten Geschmacks, weil ihre
Werke vernunftgemäß sind.

Kap. IV. Von den poetischen Nachahmungen.

Das Wesen aller Poesie ist Nachahmung, aber drei verschiedene Arten giebt es, wie der Dichter nachahmt, die bloß thatsächlich beschreibende, die Charakterschilderung (lyrische) und die ganz freie Erfindung einer Begebenheit (Epos und Drama). Letztere ist die höchste Stufe und die eigentliche „Seele der Dichtkunst", und daher kommt für den Dichter alles auf Erfindung der „Fabel" an.

„Zu allererst wähle man sich einen lehrreichen moralischen Satz, der in dem ganzen Gedichte zu Grunde liegen soll, nach Beschaffenheit der Absichten, die man sich zu erlangen vorgenommen. Hierzu ersinne man sich eine ganz allgemeine Begebenheit,
5 worin eine Handlung vorkömmt, daran dieser erwählte Lehrsatz sehr augenscheinlich in die Sinne fällt. . . . Nunmehro kömmt es auf mich an, wozu ich diese Erfindung brauchen will; ob ich Lust habe, eine äsopische, komische, tragische, oder epische Fabel daraus zu machen. Alles beruht hierbei auf der Benennung der
10 Personen, die darin vorkommen sollen."

Äsopus wird ihnen tierische Namen geben (Beispiel von Wolf und Schaf), der Komödiendichter beliebige erdachte Namen von Menschen mit Hervorkehrung des Lächerlichen, der tragische Dichter historische Namen von großen Persönlichkeiten mit der Wendung zu Verwunderung, Schrecken und Mitleid; und ähnlich der Epiker:

„Die epische Fabel ist das fürtrefflichste, was die ganze Poesie zu Stande bringen kann, wenn sie nur auf gehörige Art eingerichtet wird. Ein Dichter wählt also dabei in allen Stücken das beste, was er in seinem Vorrate hat, ein so großes Werk
15 damit auszuschmücken. Die Handlung muß wuchtig sein, das ist, nicht einzelne Personen, Häuser oder Städte, sondern ganze Länder und Völker betreffen. Die Personen müssen die ansehnlichsten von der Welt, nämlich Könige und Helden und große Staatsleute sein. Die Fabel muß nicht kurz, sondern lang und
20 weitläufig werden, und in dieser Absicht mit vielen Zwischenfabeln erweitert sein. Alles muß darin groß, seltsam und wundersam klingen, die Charaktere, die Gedanken, die Neigungen, die Affekten und alle Ausdrückungen, das ist die Sprache oder die Schreibart. Kurz, dieses wird das Meisterstück der ganzen
25 Poesie.

Ein Gedichte hält in der That das Mittel zwischen einem moralischen Lehrbuche und einer wahrhaftigen Geschichte. (Die

nackte Wahrheit in Philosophie und Geschichte ist nichts für die
Masse) die Poesie hergegen ist so erbaulich als die Moral, und
so angenehm als die Historie; sie lehret und belustiget und schicket
sich für Gelehrte und Ungelehrte: darunter jene die besondere
Geschicklichkeit des Poeten, als eines künstlichen Nachahmers der
Natur, bewundern; diese hergegen einen beliebten und lehrreichen
Zeitvertreib in seinen Gedichten finden.

Kap. V. Von dem Wunderbaren in der Poesie.

Von jeher haben sich die Dichter, vornehmlich um Eindruck auf
das Gemüt zu machen, des Wunderbaren mit Vorliebe bedient. „An sich
selbst ist dergleichen Mittel, die Leute aufmerksam zu machen, ganz erlaubt:
wenn man nur den Endzweck hat, sie bei der Belustigung zu bessern
und zu lehren." Nur aus diesem Grunde ließ Äsop Tiere reden und
Homer Götter. Solche Einführungen des Wunderbaren aber müssen
sich nach dem Bildungsstandpunkte der Zeit richten, und daher sind
z. B. Engel und Teufel nur mit Vorsicht und so wenig als
möglich zu verwenden. „Das Märchen von D. Fausten hat lange
genug den Pöbel belustiget: Und man hat ziemlichermaßen aufgehört,
solche Alfanzereien gerne anzusehen."

„Von dem Wunderbaren, das von den göttlichen und andern
geistlichen Dingen herrührt, kommen wir auf das Wunderbare,
was von den Menschen und ihren Handlungen entsteht. — Da
die Poesie das Wundersame liebet, so beschäftigt sie sich auch nur
mit lauter außerordentlichen Leuten, die es entweder im Guten
oder Bösen aufs höchste gebracht haben. ... Daher sucht sich
ein kluger Poet lauter ungemeine Helden und Heldinnen, lauter
unmenschliche Tyrannen und verdammliche Bösewichter aus, seine
Kunst daran zu zeigen." ...

Der Dichter darf hierin nur nicht zu weit gehen. Den Kernpunkt
jedoch, die Grenze zwischen wahrer und unwahrer Charakterschilderung,
kennt Gottsched nicht.

„Die dritte und letzte Gattung des Wunderbaren ist dieje=
nige Art desselben, die auf Tiere und leblose Dinge ankömmt.
Diese braucht der Poet am wenigsten, weil er sich mehrenteils
mit den Menschen beschäftiget und das Übrige nur insoweit
braucht, als es hierzu dienlich sein kann. ... Das beste und
vernünftigste Wunderbare ist, wenn man auch bei Tieren und

leblosen Dingen nur die Wunder der Natur recht nachahmet und allezeit dasjenige wählt, was die Natur am vortrefflichsten gemacht hat." [1]

Kap. VI Von der Wahrscheinlichkeit in der Poesie

enthält nichts weiter als die allgemein und unklar gefaßte Erklärung des Begriffs als der „Ähnlichkeit des Erdichteten mit dem, was wirklich zu geschehen pflegt, oder die Übereinstimmung der Fabel mit der Natur." Das Verhältnis des Wahrscheinlichen zum Wunderbaren wird nicht bestimmt. Gerade große Schönheiten bei Homer, Virgil, Milton u. a. werden als vernünftig oder naturwidrig verurteilt.

Der zweite, besondere Teil handelt von den einzelnen Gattungen der Poesie.

Kap. IX von der Epopöe oder den Heldengedichten,

für Gottsched die höchste Art der Dichtung (s. o. S. 16). Seine auch hier rein verstandesmäßige Auffassung ist in folgender Definition ausgesprochen:

„Es ist die poetische Nachahmung einer berühmten Hand-lung, die so wichtig ist, daß sie ein ganzes Volk, ja wo mög-lich, mehr als eins angeht. Diese Nachahmung geschieht in einer wohlklingenden poetischen Schreibart, darin der Verfasser teils selbst erzählet, was vorgegangen; teils aber seine Helden, so oft es sich thun läßt, selbst redend einführet. Und die Absicht dieser ganzen Nachahmung ist die sinnliche Vorstellung einer wichtigen moralischen Wahrheit, die aus der ganzen Fabel auch mittel-mäßigen Lesern in die Augen leuchtet."

Dementsprechend faßt er Ilias, Odyssee und Äneide auf. Die Ilias lehrt: „Die Mißhelligkeit ist verderblich; die Eintracht aber überaus zu-träglich." Die Odyssee will den Griechen beibringen, „daß die Abwesen-heit eines Hausvaters oder Regenten üble Folgen nach sich ziehe, seine Gegenwart aber sehr ersprießlich sei", und die Äneide: „ein Stifter neuer Reiche müsse gottesfürchtig, tugendhaft, sanftmütig, standhaft und tapfer sein."

---

1) Die Verlegenheit, in der sich Gottsched dem Wunderbaren gegen-über befindet, tritt hier deutlich hervor.

Kap. X. Von Tragödien oder Trauerspielen.

Gottscheds Rezept für die Tragödie lautet:

„Der Poet wählet sich immer einen moralischen Lehr-Satz, den er seinen Zuschauern auf eine sinnliche Art einprägen will. Dazu ersinnt er sich eine allgemeine Fabel, daraus die Wahrheit seines Satzes erhellet. Hiernächst sucht er in der Historie solche berühmte Leute, denen etwas ähnliches begegnet ist: und von 5 diesen entlehnt er die Namen vor die Personen seiner Fabel, um derselben also ein Ansehen zu geben. Er erdenkt sodann alle Umstände dazu, um die Hauptfabel recht wahrscheinlich zu machen, und das werden die Zwischen-Fabeln oder Episodia genannt. Dieses teilt er dann in fünf Stücke ein, die ungefähr gleich groß 10 sind, und ordnet sie so, daß natürlicher Weise das Letztere aus dem Vorhergehenden fließet: bekümmert sich aber weiter nicht, ob alles in der Historie so vorgegangen, oder ob alle Nebenpersonen wirklich so und nicht anders geheißen."

Im Interesse des moralischen Endzwecks bedauert er an andrer Stelle sehr das Wegfallen des antiken Chors, weil dieser eben die beleb= renden, erbaulichen Betrachtungen anstelle.

Weiter handelt Gottsched von den drei Einheiten. Die Einheit der Handlung ist anerkannt: über die beiden anderen heißt es:

„Die Einheit der Zeit ist das andre, das in der Tragödie 15 unentbehrlich ist. Die Fabel eines Heldengedichtes kann viele Monate dauern, wie oben gewiesen worden; das macht, sie wird nur gelesen; aber die Fabel eines Schauspieles, die mit leben= digen Personen in etlichen Stunden wirklich vorgestellet wird, kann nur einen Umlauf der Sonnen, wie Aristoteles spricht, das 20 ist einen Tag dauern. ... Oder ist es wahrscheinlich, daß man es auf der Schaubühne etlichemal Abend werden sieht, und doch selbst, ohne zu essen oder zu trinken oder zu schlafen, immer auf einer Stelle sitzen bleibt? Die besten Fabeln sind also diejenigen, die nicht mehr Zeit nötig gehabt hätten, wirklich zu geschehen, als 25 sie zur Vorstellung brauchen; das ist etwa drei oder vier Stunden: und so sind die Fabeln der meisten griechischen Tragödien be= schaffen. Kömmt es hoch, so bedürfen sie sechs, acht oder zum höchsten zwölf Stunden zu ihrem ganzen Verlaufe: und höher muß es ein Poet nicht treiben, wenn er nicht wider die Wahr= 30 scheinlichkeit handeln will.

Es müssen aber diese Stunden bei Tage, und nicht bei Nachte sein, weil diese zum Schlafen bestimmt ist: es wäre denn,

daß die Handlung entweder in der Nacht vorgegangen wäre, oder
erst nach Mittage anfange und sich bis spät in die Nacht ver-
zöge, oder umgekehrt, vor morgens anginge und bis zu Mittage
daurete. . . . .

5   Zum dritten gehört zur Tragödie die Einigkeit des Ortes.
Die Zuschauer bleiben auf einer Stelle sitzen: folglich müssen
auch die spielenden Personen auf einem Platze bleiben, den jene
übersehen können, ohne ihren Ort zu ändern. . . . . Es ist also
in einer regelmäßigen Tragödie nicht erlaubt, den Schauplatz zu
10 ändern. Wo man ist, da muß man bleiben; und daher auch
nicht in dem ersten Aufzuge im Walde, in dem andren in
der Stadt, in dem dritten im Kriege, und in dem vierten in
einem Garten oder auf der See sein. Das sind lauter Fehler
wider die Wahrscheinlichkeit: eine Fabel aber, die nicht wahr-
15 scheinlich ist, taugt nichts, weil dieses ihre vornehmste Eigen-
schaft ist."

Kap. XI. Von Komödien oder Lustspielen.

„Die Franzosen haben es wohl unstreitig, wie in der Tragödie,
also auch in der Komödie, am höchsten gebracht.

Die Komödie ist die Nachahmung einer lasterhaften Hand-
20 lung, die durch ihr lächerliches Wesen den Zuschauer belustigen,
aber auch erbauen kann.

Die Personen, die zur Komödie gehören, sind ordentliche
Bürger, oder doch Leute von mäßigem Stande, dergleichen zur
Not Barons, Marquis und Grafen sind: nicht, als wenn die
25 Großen dieser Welt keine Thorheiten zu begehen pflegten, die
lächerlich wären; nein, sondern weil es wider die Ehrerbietung
läuft, die man ihnen schuldig ist, sie als auslachenswürdig vorzustellen."

Im Übrigen gelten für Charakteristik, Fabel und die ganze Technik
dieselben Vorschriften wie für die Tragödie. Für den Harlekin ist kein
Platz. Ihr Unterschied von der Tragödie liegt außer im Stoff und den
Personen auch in der Sprache. Monologe sind in ihr unnatürlich, ihre
Ausdrucksweise muß natürlich und ganz der Sprache des gewöhnlichen
Lebens angemessen sein. Sie kann alle Leidenschaften außer Mitleid und
Schrecken erregen. Aus allen diesen Anschauungen folgte in Gottscheds
praktischer Thätigkeit für das Theater die Aufstellung der Franzosen
als unbedingte Muster und die Verwerfung der Engländer.

III.

Johann Jakob Bodmer.

Geb. zu Greifensee bei Zürich am 19. Juli 1698, seit 1725 Professor in Zürich,
gest. 2 Januar 1783.

Unter dem Einflusse englischer litterarischer Zeitschriften, die sich
von dem französischen Geschmacke losgejagt hatten, bekämpfte er den
Einfluß der französischen Poesie und begeisterte sich für die Werke der
Engländer. Seine Übersetzung des „Verlornen Paradieses" von John
Milton und die wiederholte Lobpreisung dieses Gedichts führte seinen
Streit mit Gottsched herbei, in welchem sich ihm allmählich die Erkenntnis klärte, daß das Wesen der Poesie in der Empfindung und Einbildungskraft beruhe. Die ersten kritischen Arbeiten, im Wesentlichen noch
mit Gottsched übereinstimmend, sind in den „Diskursen der Mahlern" 1721—1723 erschienen, einer kunsttheoretischen Zeitschrift, die
hauptsächlich den Grundsatz, daß die Poesie die Natur nachzuahmen habe
und gleichsam eine redende Malerei sei, vertrat. Er und seine Mit-
arbeiter bezeichneten sich darin mit den Namen berühmter Maler. Den
eigentlichen Anstoß zum Streite mit Gottsched gab die „Abhandlung
von dem Wunderbaren in der Poesie und dessen Verbindung mit
dem Wahrscheinlichen; In einer Verteidigung des Gedichts Joh. Miltons
vom verlornen Paradiese." Zürich 1740. Was er an Milton bewun-
derte, und was er für die deutsche Dichtung heiß ersehnte, das fand er
über alles Erwarten erfüllt in Klopstock. Als sein erster begeisterter
Verehrer lud er ihn 1750 nach Zürich ein. Er selbst hatte so wenig
wie Gottsched und Spitz, welchen letzteren auch er als unerreichbares
Muster verehrt, poetisches Talent. Sein Heldengedicht „Noah" war
ganz verfehlt. Besonders verdienstvoll aber war sein Verständnis für
die mittelalterliche Dichtung. Er hat das Nibelungenlied, den
Parzival und die Minnesänger zum ersten Male seit Jahrhunderten
wieder ans Licht gezogen.

1.

Diskurse der Malern.

Zwanzigster Diskours des ersten Teils.

Die folgenden Sätze bezeichnen diejenige Kunstanschauung, die Lessing
im Laokoon bekämpfte, die in der Poesie die Schilderungssucht, in der
Malerei die Allegoristerei hervorrief. Eine dunkle Ahnung vom Unter-

schiede der beiden Künste hat auch Bodmer (vgl. Abs. 1), aber die Be
deutung dieses Unterschiedes ist ihm verschlossen geblieben. Ihnen gegen
über treten Lessings Sätze, daß das Schöne das oberste Gesetz der bil
denden Künste sei, und daß die Poesie Handlungen, die bildende
Kunst Körper als ihr eigenstes Gebiet zu betrachten habe und beide nur
andeutungsweise in ihre Gebiete gegenseitig übergreifen könnten, in um
so helleres Licht.

„Wenn ich die genaue Verwandtschaft betrachte, welche die
Künste derer Leuten, die mit der Feder, die mit dem Pinsel,
und die mit dem Griffel und Stempel arbeiten, mit einander
haben, so darf ich gedenken, daß die Manes diesen vortrefflichen
5 Malern und Bildhauern, deren Namen sich die Zunft meiner
Mit-Scribenten zugelegt hat, wenn sie gleich unter der Erde noch
Anteil an unsrer Welt Geschäften nähmen und fähig waren sich
für dieselben zu passionieren, eben nicht Ursachen fanden, wegen
dieser genommenen Freiheit mißvergnügt zu werden. Ich sehe
10 nichts, daß sie dazu sagen könnten, als diesen malenden Schrei
bern den Unterricht erteilen, daß sie sich die Emulation lassen
aufmuntern, die Natur mit ihren Federn so nahe und geschickt
nachzufolgen, wie sie mit ihren delicaten Pinseln und Griffeln
gethan haben.
15 Die Natur ist in der That die einzige und allgemeine Leh
rerin derjenigen, welche recht schreiben, malen und ätzen: ihre
Professionen treffen darinne genau überein, daß sie sämtlich
dieselbe zum Original und Muster ihrer Werken nehmen, sie
studieren, copieren, nachahmen: Sie führet die Federn der
20 Schreibern, sie hilft den Malern die Farben reiben und den
Bildhauern die Lineamente zeuhen. Keiner von allen kann etwas
ausfertigen, wenn er sich nicht mit ihr beratet und die Regeln
seiner Kunst von ihr entlehnt. Der Scribent, der die Natur
nicht getroffen hat, ist wie ein Lügner zu betrachten; und der
25 Maler sowohl als der Bildhauer, der abweichenden Copien der

2 Leuten, ungerechtfertigte Anhängung eines n, wohl durch die
Neigung zur schwachen Deklin bei den Schweizern veranlaßt; vgl. 22, 20,
23, 13 u a.   1 Manes, Manen.   13 nachfolgen und folgen
verbinden die Schweizer mit dem Akkusativ.   delicaten, zarten. —
20 Schreibern, Schriftsteller. — 21 zeuhen, ziehen. -- 22 ausfer
tigen, zu stande bringen.

selben machet, ist ein Pfuscher. Der erste saget Salbadereien, und die andern machen Chimären.

Alles, was keinen Grund in der Natur hat, kann niemand gefallen als einer dunkeln und ungestalten Imagination. Was würdet ihr von einem Scribenten urteilen, der mit burlesquen ⁵ Expressionen ein Sterb Gedichte anfüllete und traurige Klag= Töne in eine Hochzeit Ode mischete? Eben dasselbe, was von einem Maler, der die Delphine in die Wälder und die Hirsche in die See versetzte, oder von einem Bildhauer, der den Ober= teil einer Statuen bis an die Hüften zu einer schönen Frauens= ¹⁰ Person hauete und den untern in einen Fischschwanz zusammen= zöge. Hingegen ergetzet uns auch die Beschreibung und Abschil= derung des Lasters, der Bosheit, der Häßlichkeit, des Erschreck= lichen, des Traurigen, wenn sie natürlich sind. Ein Mensch liebet in einem Sittenbuche den ähnlichen Charactere eines Grau= ¹⁵ samen, der alle zahme Neigungen der Menschlichkeit ausgezogen und sich in die Natur der Wölfen und anderer Raubtieren ver= stellet hat, vor welchem er in der Societät eine Abscheu empfindet. Er hat ein Ergetzen das garstige Contrefay einer Runzlichen anzuschauen, vor dessen Original er die Augen abwendet. Die ²⁰ Gedichte von Ovide, die derselbe die Traurigen genannt hat, die blutige Schlachten, die ungeheuren Tiere, kurz, alles, was wohl nachgeahmet ist, wird uns angenehm, es sei so gräßlich und erbarmlich als es will. Aristoteles hat wohl angemerket, daß dieses Ergetzen, welches uns die Betrachtung einer schönen Nach= ²⁵ ahmung machet, nicht gerichts von dem Objecte komme, das uns vorgemalet ist, sondern von der Reflexion, welche das Gemüt dannzumalen walten lasse, daß nichts ähnlicher und überein= treffender könne sein als ein solches Gemälde und sein Original; dermaßen, daß es bei dergleichen Anlässen geschähe, daß man ³⁰ etwas Fremdes und Neues gewahr werde, welches kitzele und gefalle. Diese Annehmlichkeit der Ähnlichkeit, welche zwischen einer Schilderei und der Sache waltet, die sie vorstellet, ist so groß, daß oft der Geizige selbst der erste über die wohlgemachte Beschreibung eines Geizigen gelachet hat, die wohl vielleicht nach ³⁵ seinem Modell gemacht worden und mit Ergetzen seine eigene Person in diesem Spiegel gesehen, der die Natur so künstlich trifft.

7 ff. Nach der ars poetica des Horaz. — 21 Traurigen, Tristien. — 26 gerichts, direkt, unmittelbar. — 28 dannzumal, dann zumal, gerade dann. — 37 künstlich, kunstvoll.

Ihr sehet aus diesem, worinnen die Verwandtschaft der
Schreibern, der Malern und der Bildhauern bestehet, nämlich in
der Gleichheit des Vorhabens; sie suchen samtlich die Spur der
Natur , sie belustigen durch die Ähnlichkeit, welche ihre Schrif-
5 ten, Bilder und Gemälde mit derselben haben, sie machen sich
lachenswürdig, wenn sie davon abtreten. Aber sie unterscheiden
sich von einander in der Ausführung ihres Vornehmens, welches
sie auf ungleiche Manieren verfolgen. Denn der eine bildet die
Natur mit den Worten aus, mit welchen er alles, was ihm
10 diese einzige Lehrmeisterin, bei der er in die Schule gehet, sehen
oder nur gedenken läßt, so lebhaft abmalet, daß der Zuhörer
oder Leser keine Mühe hat, sie darinnen zu erkennen: der andere
bedienet sich des Pinsels und der Farben, mit denen er dasjenige,
was ihm in die Augen fallt, in seiner wahren Proportion, Stel
15 lung, Gestalt und Farbe beschreibet; und dieser findet in einem
Holze oder in einem Steine die ganze Figur, die Gliedmaßen
und die Formen eines Menschen, eines Tieres, oder was für
einer Sache ihr wollet, verborgen, und weiß die Kunst dieselben
mit Griffeln und Stempeln herauszubringen.
20   Von allen diesen Meistern verdient der erste einen Vorzug,
weil seine Kunst ungleich mehr begreifet, als der andern ihre.
Diese letztern schränken sich mit denen Objekten ein, welche vor
die Augen kommen, da der andere nicht nur entwirft, was das
Gesichte, sondern was jeglichen Sinn rühret und reget; ja was
25 weit mehr ist, die Werke des Gemütes und die Gedanken selbst,
zu welchen keiner von denen äußerlichen Sinnen durchdringet.
Man kann zwar in einem gewissen Verstande auch von den
Mahlern und Bildhauern sagen, daß sie die Gedanken auszu
drücken wissen; man kann nämlich aus der Physiognomie der
30 Gebärden und Mienen, welche die Stellung und das Angesicht
bezeichnen, schließen, von welcher Passion das Gemüte mag eingenommen sein, und welche Gedanken eine solche ihm mag geben
haben, maßen diese Zeichen bei allen Menschen, in einer gleichen
Neigung, die gleichen sind; aber weil diese Art zu reden sehr
35 weitläuftig, langsam und unvollkommen ist, so kommt sie mit
der andern in keine Vergleichung. Der Schreiber wird euch mit
einem Zuge der Feder zu verstehen geben, was der Mahler mit
vielen Bildern nicht thun kann. Wie will dieser es angreifen,

6 abtreten, abweichen. - 21 begreifet, umfaßt.

euch einen Menschen vorzustellen, dessen Charaktere dem Skriben=
ten ein leichtes ist, klar und lebhaft auszudrücken? Geschickt von
Leib, geistreich; lasterhaft, raubgierig, verschwenderisch, blutdurstig;
hart, unermüdet, verwegen, verschlagen; beredt, unwissend; er
wird nötig finden, fast eine jegliche von diesen Qualitäten und 5
Passionen mit einer eigenen Bildnis zu bemerken, welche dennoch
noch der Zweideutigkeit wird unterworfen sein.

Indessen, da ich diesfalls dem Schreiber den Rang gebe,
so hat auf der andern Seite der Maler und der Bildhauer den
Vorteil, daß seine Schildereien und seine Statuen einen größeren 10
Einfluß auf die Imagination haben und stärkere Impressionen
in dieselbe machen, als die Beschreibungen thun, denn was man
siehet und betastet, kann man sich viel leichter fürbilden, als man
höret, inmaßen das Gegenwärtige mehr Macht über uns hat,
als das Entfernte und das Vergangene"... 15

Rubeen (Bodmer).

2.

Aus Bodmers Abhandlung „Von dem Wunderbaren in der
Poesie und dessen Verbindung mit dem Wahrscheinlichen.
In einer Verteidigung des Gedichtes Joh. Miltons
von dem verlorenen Paradiese." Zürich, 1740.

Die Abhandlung wendet sich hauptsächlich gegen Voltaires und
eines gewissen Magny Angriffe auf Miltons Gedicht. Letzterer hatte
u. a. getadelt, Milton „habe sich von dem Zaum der Vernunft ledig
gemacht." Dagegen sagt Bodmer:

„Wer von dem Poeten nicht mehr fodert, als was uns seine
Kunst und Lehrart verspricht, solche empfindliche und das Gemüt
mit einer angenehmen Gewalt an sich reißende Eindrücke, wie
Milton in seinem Werk auf die vollkommenste Art erreget, der 20
wird sich nicht entbrechen können, wahrzunehmen, daß in seinem
Gedicht so viel Ordnung, Zusammenhang, Richtigkeit und Ver=
nunft, und dieses in dem Grade herrschet, als zu seiner Absicht
gehört. ...

Der Poet bekümmert sich nicht um das Wahre des Ver= 25
standes; da es ihm nur um die Besiegung der Phantasie zu

2—4 Charakteristik des Catilina bei Sallust. — 8 Rang, Vorrang.

thun ift, hat er genug an dem Wahrſcheinlichen, dieſes iſt Wahr=
heit unter vorausgeſeßten Bedingungen, es iſt Wahres, ſofern
als die Sinnen und die Phantaſie wahrhaft ſind, es iſt auf das
Zeugnis derſelben gebauet. Wer dem Poeten vor übel nehmen
5 wollte, daß er darauf bauet, der mag zugleich die Natur anklagen,
daß ſie jene und den Verſtand nicht überein gemachet hat, welches
ſo viel geſagt iſt, daß ſie den Menſchen nicht zu etwas Mehre=
rem als zu einem Menſchen gemachet hat. Demnach iſt dieſes
poetiſche Wahre nicht ohne eine gewiſſe Vernunft und Ordnung:
10 es hat für die Phantaſie und die Sinne ſeinen zureichenden
Grund, es hat keinen Widerſpruch in ſich, ein Stuck davon gründet
ſich in dem andern. In dieſen wird Magny keine Unrichtigkeit
finden; wenn er ſolche nach einem andern Geſichtspunkte findet,
da er den Poeten als einen Metaphyſikus anſiehet und die reinen
15 abgezogenen Wahrheiten des Verſtandes von ihm fodert, ſind das
keine Fehler des Poeten, wiewohl es Fehler eines Metaphyſici
wären."

Mit demſelben Rechte müſſe man auch die gewöhnliche Redeweiſe
„die Sonne geht auf und unter" u. ſ. w. für unzuläſſig erklären, ja
könne nicht einmal eine geſchichtliche Wahrheit anerkennen, weil ſie bloß
auf Berichten anderer beruhe.

„Was uns anbelanget, wollen wir die Metaphyſik bei den
Lehrern derſelben ſuchen, von den Poeten aber nichts mehr fodern
20 als Poeſie, wir wollen uns hier an dem Wahrſcheinlichen und
der Vernunft, die in dem Zuſammenhang desſelben liegt, be=
gnügen, wir wollen denjenigen Empfindungen und Eindrücken,
ſo die Schildereien in Miltons Gedicht nach ihrem buchſtäblichen
Verſtand machen, ohne angenommenen Kaltſinn und un=
25 zeitigen Eifer willig Platz geben, und das Ergetzen,
das daher entſpringt, mit Dank annehmen. Darüber
wollen wir uns an tiefere, geſuchtere, verborgenere allegoriſche
Geheimniſſe den Sinn nicht kommen laſſen und den Mangel
derſelben, als etwas Überflüſſigen und hierher nicht Gehörenden,
30 ohne Reue erdulden.

4 vor übel, als ungehörig: vgl. verübeln. 15 abgezogenen,
abſtrakte Verſtandeswahrheiten.

IV.

Johann Jakob Breitinger,

geb. zu Zürich am 1. März 1701, seit 1731 Professor am Gymnasium zu Zürich, gest. daselbst am 13. Dez. 1776.

Er war eifriger Teilnehmer an Bodmers kunsttheoretischen Unter suchungen, doch trotz seines umfassenderen Wissens bescheiden hinter Bod mer zurücktretend. Er strebte überhaupt nicht darnach, sich einen Namen zu machen und hinterließ nur ein größeres Werk „Kritische Dichtkunst, worinnen die poetische Malerei in Absicht auf die Erfindung im Grunde untersuchet und mit Beispielen aus den berühmtesten Alten und Neuern erläutert wird." Zürich 1740. Aus ihr ist nachstehend einiges von dem Abschnitte mitgeteilt, der den Kernpunkt des Streites mit Gottsched behan delt, das Wunderbare und sein Verhältnis zum Wahrscheinlichen.

Der sechste Abschnitt
aus Breitingers „Kritischer Dichtkunst."

... „Ich begreife demnach unter dem Namen des Wunder= baren alles, was von einem andern widerwärtigen Bildnis oder vor wahr angenommenen Satze ausgeschlossen wird; was uns, dem ersten Anscheine nach, unsern gewöhnlichen Begriffen von dem Wesen der Dinge, von den Kräften, Gesetzen und dem 5 Laufe der Natur und allen vormals erkannten Wahrheiten in dem Licht zu stehen und dieselben zu bestreiten dünket. Folglich hat das Wunderbare für den Verstand immer einen Schein der Falschheit, weil es mit den angenommenen Sätzen desselben in einem offenbaren Widerspruch zu stehen scheinet: Alleine dieses 10 ist nur ein Schein, und zwar ein unbetrüglicher Schein der Falschheit; das Wunderbare muß immer auf die würk= liche oder die mögliche Wahrheit gegründet sein, wenn es von der Lügen unterschieden sein und uns ergetzen soll. Denn wofern der Widerspruch zwischen einer Vorstellung und unsern 15 Gedanken eigentlich und begründet wäre, so könnte eine solche keine Verwunderung in uns gebären, ebensowenig, als eine offen= bare Lüge oder die Erzählung von lediglich unmöglichen und

---

2 widerw. Bildnis entgegenstehende, widersprechende Vor stellung. — 14 Lügen, schwache Dekl. i. o. 22, 20. — 17 gebären, erzeugen.

unglaublichen Dingen den Geist des Menschen rühren und belustigen kann, und falls das Wunderbare aller Wahrheit beraubet
sein würde, so wäre der gröbeste Lügner der beste Poet, und
die Poesie wäre eine verderbliche Kunst. ...

5   Das Wunderbare ist demnach nichts anders, als ein ver=
mummtes Wahrscheinliches. Der Mensch wird nur durch
dasjenige gerühret, was er glaubt; darum muß ihm ein Poet
nur solche Sachen vorlegen, die er glauben kann, welche zum
wenigsten den Schein der Wahrheit haben. Der Mensch ver-
10 wundert sich nur über dasjenige, was er vor etwas Außerordent=
liches hält; darum muß der Poet ihm nur solche Sachen vor=
legen, die außer der Ordnung des gemeinen Laufes sind, und
diese beiden Grund=Regeln, die einander so sehr entgegenzulaufen
scheinen, mit einander zu vergleichen, muß er dem Wunderbaren
15 die Farbe der Wahrheit anstreichen, und das Wahrscheinliche in
die Farbe des Wunderbaren einkleiden. Auf einer Seiten sind
die Begebenheiten, die aufhören wahrscheinlich zu sein, weil sie
allzu wunderbar sind, nicht fähig, die Menschen zu rühren; auf
der andern Seiten machen die Begebenheiten, die so wahrschein
20 lich sind, daß sie aufhören wunderbar zu sein, die Leute nicht
aufmerksam genug. ... Kurz, das Wunderbare kann einem
richtigen Kopf weder gefallen noch Ergetzen bringen, wenn es
nicht mit dem Wahrscheinlichen künstlich vereinigt und auf das=
selbe gegründet ist.

25   Weil nun in dieser Verbindung des Wunderbaren mit dem
Wahrscheinlichen die vornehmste Schönheit und Kraft der Poesie
bestehet, so würde ich auf halbem Wege stehen bleiben, wenn ich
nicht jetzo die Natur des poetischen Wahrscheinlichen erklärete,
nachdem ich die Natur des Wunderbaren erklärt habe. ....

30   Ich verstehe durch das Wahrscheinliche in der Poesie alles,
was nicht von einem andern widerwartigen Begriff oder für wahr
angenommenen Satze ausgeschlossen wird, was nach unsern Begriffen eingerichtet zu sein, mit unsrer Erkenntnis und dem
Wesen der Dinge und dem Laufe der Natur übereinzukommen
35 scheint; hiemit alles, was in gewissen Umständen und unter
gewissen Bedingungen nach dem Urteil des Verständigen möglich

---

1 Die Meinung, daß Poesie und Lüge (vgl. Erdichtung) gleich
bedeutend sei, war nicht ungewöhnlich. - 11 vergleichen, in Einklang
bringen. - 30 durch in alter Bedeutung   unter.

ist und keinen Widerspruch in sich hat. . . . Ich habe an einem
andern Orte angemerket, daß in dem weitläuftigsten Verstande
alles kann wahrscheinlich genannt werden, was durch die unend
liche Kraft des Schöpfers der Natur möglich ist, hiemit alles,
was mit denen ersten und allgemeinen Grundsätzen, auf welchen 5
alle Erkenntnis der Wahrheit beruhet, in keinem Widerspruch
stehet. Das Unmögliche und sich selbst Widersprechende hat auch
in der Macht des Schöpfers keinen Grund der Wahrheit, und
der menschliche Verstand kann solches keineswegs begreifen. Also
ist unmöglich, daß etwas zugleich sein und nicht sein, so und 10
anderst sein könne; daß etwas ohne einen zureichenden Grund
seiner Wirklichkeit sein könne; daß ein Teil so groß sei als sein
Ganzes; daß zwo grade Zahlen mit einander verbunden eine
ungrade Zahl ausmachen, und so fort. Was mit diesen und
anderen dergleichen sich selbst beweisenden Grundsätzen streitet, 15
das ist eine offenbare Lüge. . . . Das Unwahrscheinliche in der
Poesie hat allemal eine Möglichkeit, schlechterdings zu reden, die
in der Macht des Schöpfers der Natur gegründet ist: es ist
unwahrscheinlich und unmöglich allein in Absicht auf gewisse aus=
gesetzte Bedingungen und Umstände, mit und in welchen es vor= 20
kömmt, wenn es mit denselben in einem Widerspruch stehet, ob
es gleich unter anderen Bedingungen und in andern Umständen
nicht unmöglich wäre."

Was nach den allgemeinen Naturgesetzen möglich ist, das ist
wahrscheinlich. Dieses Wahrscheinliche unterscheidet sich von dem
Wahren allein darin, daß es kein genugsames Zeugnis der Wirk=
lichkeit hat. Die gegenwärtige Einrichtung der Welt der wirklichen
Dinge ist nicht die allein mögliche, der Schöpfer hätte auch ganz andre
Ordnungen einführen können.

„Da nun die Poesie eine Nachahmung der Schöpfung
und der Natur nicht nur in dem Wirklichen, sondern 25
auch in dem Möglichen ist, so muß ihre Dichtung, die
eine Art der Schöpfung ist, ihre Wahrscheinlichkeit ent=
weder in der Uebereinstimmung mit den gegenwärtiger
Zeit eingeführten Gesetzen und dem Lauf der Natur
gründen, oder in den Kräften der Natur, welche sie bei 30

---

2 ff. Hier sind Leibnizische Gedanken wiedergegeben. — 17 schlech=
terdings, einfach, klar. — 19 ausgesetzte, angeordnete.

andern Abſichten nach unſern Begriffen hatte ausüben
können. Beidemal beſteht die Wahrſcheinlichkeit darin, daß die
Umſtände mit der Abſicht übereinſtimmen, daß ſie ſelber in einander gegründet ſein und ſich zwiſchen denſelben kein Widerſpruch
5 erzeige.

.... Wenn Ariſtoteles in ſeiner Poetik von der poetiſchen
Materie handelt, ſo eignet er derſelben zu ἥ οἷα ἧν, ἥ ἔστιν.
ἥ οἷα φασὶ καὶ δοκεῖ. ἥ οἷα εἶναι δεῖ .... Damit lehret
er zugleich, was der Grundſtein und das Band der Vereinigung
10 des Wunderbaren mit dem Wahrſcheinlichen ſei. Namlich, die
Wahrſcheinlichkeit und die Möglichkeit auch der ſeltſamſten und
wunderbarſten Vorſtellungen muß in einem von folgenden Stücken
gegründet ſein: entweder in dem Zeugnis der Hiſtorie, oder der
Sage und eines angenommenen Wahns, oder in einer Vermeh-
15 rung oder Verminderung der wirklichen Vollkommenheiten. Das
Wahrſcheinliche muß demnach von der Einbildung beurteilet
werden, und die Grundſätze, auf welche dieſe ihr Urteil gründet,
ſind folgende: I. Was durch glaubwürdige Zeugen beſtätigt wird,
das kann man annehmen. II. Den Vorſtellungen der Sinne
20 darf man trauen. III. Was bei einem großen Haufen der
Menſchen Glauben gefunden hat und eine Zeitlang von einem
Geſchlechte zu dem andern fortgepflanzt worden, das iſt nicht zu
verwerfen. IV. Was nach gewiſſen Graden eingeſchränket iſt,
das kann vollkommen oder unvollkommen ſein. V. Was einmal
25 geſchehen iſt, das kann wieder geſchehen. Was nun mit dieſen
und andern dergleichen Grundſätzen des Wahnes übereinſtimmt,
es mag dem reinen Verſtande noch ſo wunderbar und widerſinnig
vorkommen, das iſt für die Einbildung gläublich und wahrſcheinlich. Man muß alſo das Wahre des Verſtandes und
30 das Wahre der Einbildung wohl unterſcheiden: es kann
dem Verſtande etwas falſch zu ſein dünken, das die Einbildung
für wahr annimmt: hingegen kann der Verſtand etwas für wahr
erkennen, welches der Phantaſie als ungläublich vorkömmt; und
darum iſt gewiß, daß das Falſche bisweilen wahrſcheinlicher iſt,
35 als das Wahre. Das Wahre des Verſtandes gehört für die
Weltweisheit, hingegen eignet der Poet ſich das Wahre der
Einbildung zu: daher hat Ariſtoteles im 25. Kapitel der Poetik
geſagt: „Der Poet muß die unmöglichen Dinge, wenn ſolche
nur wahrſcheinlich ſind, denen möglichen, die bei ihrer Möglich-
40 keit ungläublich ſind, vorziehen." Er hat nicht nötig ſeine Vor-

stellungen vor wahr zu verkaufen;[1] wenn sie nur nicht unglaublich
sind, so eröffnen sie ihm schon den Zugang zu dem menschlichen
Herzen, so daß er dadurch die erforderliche Wirkung auf dasselbe
thun kann. Die eigentümliche Kunst des Poeten bestehet dem
nach darinnen, daß er die Sachen, die er durch seine Vorstel= 5
lung angenehm machen will, von dem Ansehen der Wahrheit bis
auf einen gewissen Grad künstlich entferne, jedoch allezeit in dem
Maße, daß man den Schein der Wahrheit auch in ihrer weite=
sten Entfernung nicht gänzlich aus dem Gesichte verlieret. Freilich
muß der Poet das Wahre als wahrscheinlich, und das Wahr= 10
scheinliche als wunderbar vorstellen, und hiemit hat das poetische
Wahrscheinliche immer die Wahrheit, gleichwie das Wunderbare
in der Poesie die Wahrscheinlichkeit zum Grunde."

Zu diesen Sätzen, deren letzte die Unvollkommenheit der Kunstauffassung verraten, giebt der Verfasser nun Beispiele von den verschie=
denen Arten der Verbindung des Wunderbaren mit dem Wahrschein=
lichen. Hier erwähnt er u. a. auch die Erhebung geringerer Wesen zu
einer höheren Würde, z. B. wenn leblosen Dingen Empfindung und den
Tieren Gedanken und Rede mitgeteilt werden. Dies führt ihn auf die
äsopische Tierfabel, die im siebenten Kapitel der Kritischen Dicht=
kunst behandelt wird. Die Einführung der Tiere geschieht hier nach
seiner Ansicht nur, um die moralische Lehre durch das Wunderbare
eindringlicher zu machen. Den ganzen hierüber handelnden Abschnitt hat
Lessing in seiner zweiten Abhandlung über die Fabel abgedruckt, wes=
halb wir ihn hier übergehen.

V.
Friedrich von Hagedorn.

Geb. zu Hamburg am 23. April 1708, studierte in Jena die Rechte, lebte einige Jahre
als Privatsekretär des dänischen Gesandten in London und seit 1733 als Sekretär der
englischen Handelsgesellschaft in Hamburg, wo er 1754 starb. Er war mit französischer
und englischer Bildung vertraut, liebte besonders die anakreontische Poesie des Horaz und
der Griechen und verherrlichte in leichter und gefälliger Form den Lebensgenuß. Im
Tone anmutiger Unterhaltung sind auch seine Fabeln und Erzählungen geschrieben,
worin er der Vorliebe der Zeit für diese Dichtung Rechnung trug. Der litterarische
Streit berührte ihn nicht, aber er war, wie der Leipziger Kreis der „Bremer Beiträger",
dem er überhaupt nahe stand, der Gottsched'schen Richtung fremd. „Er war der erste
neuere deutsche Dichter, welcher den Geschmack und die Korrektheit der Minnesänger
wieder erreichte und dadurch für unsre Litteratur zurückgewann." Scherer.

---

1 verkaufen, für wahr ausgeben. — 5 Vorstellung, Darstellung.

1. Griechische Scolien.

Möchten wir doch nur erkennen,
Was ein jeder wirklich ist!
Könnten wir die Brust eröffnen,
Und, wann wir ins Herz gesehn,
5   Wiederum die Brust verschließen
Und uns dann erst Freunde wahlen,
Die getreu und redlich sind.

Brüder warum trinkt ihr nicht?
Was erwartet ihr das Licht?
10 Denkt, wie bald ein Tag verflossen.
Gebet uns geschwinde Wein!
Große Becher bringt herein,
Die verschiedner Weite sein
Und vom Bacchus vollgegossen.

15 Trinkt den Rebensaft und denkt,
Wozu Bacchus ihn geschenkt;
Auf, vergesset Not und Plagen.
Eins, zwei, drei und mehrmal leer!
Und wird euch der Kopf zu schwer,
20 Gut, so trinket immer mehr.
Ein Glas soll das andre jagen.

2. An die Freude.

Freude, Göttin edler Herzen,
Höre mich!
Laß die Lieder, die hier schallen,
Dich vergrößern, dir gefallen:
5   Was hier tönet, tönt durch dich.

Muntre Schwester süßer Liebe,
Himmelskind!
Kraft der Seelen! Halbes Leben!
Ach, was kann das Glück uns geben,
10 Wenn man dich nicht auch gewinnt?

1 Nachdichtungen griechischer Strophen (σχόλιον sc. μέλος   Rund
gesang). Die Originale bei Athenäus. V. 8—21 von Alcäus.

Stumme Hüter toter Schätze
Sind nur reich.
Dem, der keinen Schatz bewachet,
Sinnreich scherzt und singt und lachet,
15 Ist kein karger König gleich.
Gieb den Kennern, die dich ehren,
Neuen Mut.
Neuen Scherz den regen Zungen,
Neue Fertigkeit den Jungen,
20 Und den Alten neues Blut.
Du erheiterst, holde Freude,
Die Vernunft!
Flieh auf ewig die Gesichter
Aller finstern Splitterrichter
25 Und die ganze Heuchlerzunft.

3. Der Guckguck.

Du Rufer zwischen Rohr und Sträuchen,
Schrei immer mutig durch den Wald!
So lange deine Stimm erschallt,
Wird weder Gras noch Laub verbleichen.
5 Uns spricht der Scheinfreund, so wie du,
Allein bei gutem Wetter zu.
Auch du verschweigst nicht deine Lieder,
Vielleicht aus edler Ruhmbegier;
Und Echo giebt die Töne dir
10 So schnell, als andern Vögeln wieder.
Du thust, was mancher Dichter thut:
Du schreist mit Lust und schreist dir gut.
Zwar singst du nicht wie Nachtigallen;
Doch meldest du, mit gleicher Müh,
15 Des Frühlings Rückkunft, so wie sie,
Und auch ein Guckguck will gefallen.
So kann ein Brocks, so will Suffen
Des grünen Lenzen Ruhm erhöhn.

3, 12 d. h. Dein Schreien gefällt dir (wenn auch nicht andern). —
3, 17 Berthold Heinrich Brockes, 1680—1747 in Hamburg. In seinen
Gedichten „Irdisches Vergnügen in Gott" wiederholt sich immer der eine
Grundgedanke von der Weihe des Vergnügens am Irdischen durch Andacht.
— Suffen, ein kleinlicher Dichter zur Zeit Catulls.

30 Du nennest immer deinen Namen;
Dein Ausruf handelt nur von dir.
In dieser Sorgfalt scheinst du mir
Beredten Männern nachzuahmen;
Gleichst du dem großen Balbus nicht,
25 Der immer von sich selber spricht?

4. Johann der Seifensieder.

Johann, der muntre Seifensieder,
Erlernte viele schöne Lieder
Und sang mit unbesorgtem Sinn
Vom Morgen bis zum Abend hin.
5 Sein Tagwerk konnt' ihm Nahrung bringen:
Und wenn er aß, so mußt' er singen;
Und wenn er sang, so war's mit Lust,
Aus vollem Hals und freier Brust.
Beim Morgenbrot, beim Abendessen
10 Blieb Ton und Triller unvergessen;
Der schallte recht, und seine Kraft
Durchdrang die halbe Nachbarschaft.
Man horcht, man fragt: Wer singt schon wieder?
Wer ist's? Der muntre Seifensieder.
15 Im Lesen war er anfangs schwach;
Er las nichts als den Almanach,
Doch lernt' er auch nach Jahren beten,
Die Ordnung nicht zu übertreten,
Und schlief, dem Nachbar gleich zu sein,
20 Oft singend, öfter lesend, ein.
Er schien fast glücklicher zu preisen
Als die berufnen sieben Weisen,
Als manches Haupt gelehrter Welt,
Das sich schon für den achten hält.

3, 24 Balbus, der Schwätzer: typische Bezeichnung.
4 Nach dem Französischen „le savetier (Schuhflicker) et le financier"
von Lafontaine, was Hagedorn irrtümlich als savonnier verstand; vgl.
„Der singend Schuster von Lübeck" von Hans Sachs. Denkm. III, 1.
2. Aufl. S. 118.

25 Es wohnte diesem in der Nähe
Ein Sprößling eigennütz'ger Ehe,
Der, stolz und steif und bürgerlich,
Im Schmausen keinem Fürsten wich:
Ein Garkoch richtender Verwandten,
30 Der Schwager, Vettern, Nichten, Tanten,
Der stets zu halben Nächten fraß
Und seiner Wechsel oft vergaß.
Kaum hatte mit den Morgenstunden
Sein erster Schlaf sich eingefunden,
35 So ließ ihm den Genuß der Ruh
Der nahe Sänger nimmer zu.
Zum Henker! lärmest du schon wieder,
Vermaledeiter Seifensieder?
Ach wäre doch, zu meinem Heil,
40 Der Schlaf hier, wie die Austern, feil!
Den Sänger, den er früh vernommen,
Läßt er an einem Morgen kommen
Und spricht: „Mein lustiger Johann!
Wie geht es euch? Wie fangt ihr's an?
45 Es rühmt ein jeder eure Ware:
Sagt, wie viel bringt sie euch im Jahre?"
„Im Jahre, Herr? mir fällt nicht bei,
Wie groß im Jahr mein Vorteil sei.
So rechn' ich nicht; ein Tag bescheret,
50 Was der, so auf ihn kömmt, verzehret.
Das folgt im Jahr, ich weiß die Zahl,
Dreihundertfünfundsechzig Mal."
„Ganz recht: doch könnt ihr mir's nicht sagen,
Was pflegt ein Tag wohl einzutragen?"
55 „Mein Herr, ihr forschet allzusehr:
Der eine wenig, mancher mehr;
So wie's dann fällt: „Mich zwingt zur Klage
Nichts, als die vielen Feiertage;
Und wer sie alle rot gefärbt,
60 Der hatte wohl, wie ihr, geerbt,
Dem war die Arbeit sehr zuwider,
Das war gewiß kein Seifensieder."

29 richtender Verw., wahrscheinlich ist der Richtschmaus ge
meint. — 50 so auf ihn kömmt, der folgende Tag.

Das schien den Reichen zu erfreun.
„Hans", spricht er, „du sollst glücklich sein.
Jetzt bist du nur ein schlechter Prahler.
Da hast du bare fünfzig Thaler:
Nur unterlasse den Gesang.
Das Geld hat einen bessern Klang."
Er dankt und schleicht mit scheuem Blicke,
Mit mehr als dieb'scher Furcht zurücke.
Er herzt den Beutel, den er hält,
Und zählt und wägt und schwenkt das Geld,
Das Geld, den Ursprung seiner Freude,
Und seiner Augen neue Weide.
Es wird mit stummer Lust beschaut
Und einem Kasten anvertraut,
Den Band und starke Schlösser hüten,
Beim Einbruch Dieben Trotz zu bieten,
Den auch der karge Thor bei Nacht
Aus banger Vorsicht selbst bewacht.
Sobald sich nur der Haushund reget,
Sobald der Kater sich beweget,
Durchsucht er alles, bis er glaubt,
Daß ihn kein frecher Dieb beraubt,
Bis, oft gestoßen, oft geschmissen,
Sich endlich beide packen müssen:
Sein Mops, der keine Kunst vergaß
Und wedelnd bei dem Kessel saß:
Sein Hinz, der Liebling junger Katzen,
So glatt von Fell, so weich von Tatzen.
Er lernt zuletzt, je mehr er spart,
Wie oft sich Sorg und Reichtum paart,
Und manches Zärtlings dunkle Freuden
Ihn ewig von der Freiheit scheiden,
Die nur in reine Seelen strahlt,
Und deren Glück kein Gold bezahlt.
Dem Nachbar, den er stets geweckt,
Bis er das Geld ihm zugesteckt,
Dem stellt er bald, aus Lust zur Ruh,
Den vollen Beutel wieder zu
Und spricht: „Herr, lehrt mich beßre Sachen
Als, statt des Singens, Geld bewachen.

Nehmt immer euren Beutel hin
Und laßt mir meinen frohen Sinn.
105 Fahrt fort mich heimlich zu beneiden,
Ich tausche nicht mit euren Freuden.
Der Himmel hat mich recht geliebt,
. Der mir die Stimme wieder giebt.
Was ich gewesen, werd' ich wieder:
110 Johann, der muntre Seifensieder.

VI.
Christian Fürchtegott Gellert.

geb. 4. Juli 1715 zu Hainichen am Erzgebirge, besuchte die Fürstenschule zu Meißen, wo er die vertraute Freundschaft mit Gärtner und Rabener schloß, und studierte seit 1734 in Leipzig Philosophie, Theologie und Litteratur! Durch Übernahme einer Erzieher= stelle darin unterbrochen, setzte er die Studien 1741 als Begleiter seines Zöglings fort, und wurde 1743 in Leipzig Magister der Philosophie und 1751 außerordentlicher Pro= fessor. Hier war er auch der Mittelpunkt eines Kreises von dichterisch beanlagten jungen Akademikern, die — schon in gewissem Gegensatz zu Gottsched — eine litterarische Zeit= schrift herausgaben, ("Neue Beiträge zum Vergnügen des Verstandes und Witzes") die nach ihrem Erscheinungsort Bremen kurz „Bremer Beiträge" genannt wurde. Die hervorragendsten darunter waren Cramer, Elias Schlegel, Zachariä, Rabener, Gisecke. Sie sind alle in Klopstocks Ode „Wingolf" genannt und gefeiert. Schon 1746 erschien der erste Teil seiner „Fabeln und Erzählungen", 1748 der zweite und 1757 seine „geistlichen Lieder", dazwischen die übrigen Werke. Er starb 1769.

Sein Wesen war stille Bescheidenheit und wahre Frömmig= keit, Milde und Herzensgüte, und dies gab seinen Dichtungen, trotzdem sie noch durchaus lehrhaft waren, volkstümlichen Charakter, Wärme und Faßlichkeit. Gerade darin beruht seine Bedeutung. Er berührte die sittlichen Bedürfnisse des deutschen Volkes mit Herzenswärme und überwand damit die rein theoretische Dichtkunst des Gottschedschen Schrift= stellertums, das schließlich nur für sich dichtete. In seinen Fabeln und Erzählungen und in seinen geistlichen Oden und Liedern tritt dies am deutlichsten hervor, und deshalb haben sie bleibenden Wert behalten. Seine Versuche im Roman und im Drama sind als mißlungen anzu= sehen. Sie dienten nur der Rührseligkeit, wurden aber gerade deshalb in jener Zeit der erwachenden Sentimentalität hoch geschätzt. Eine Reihe von beglaubigten kleinen Geschichten bezeugt die außerordentliche Ver= ehrung, die Gellert im ganzen Volke genoß, und auch Goethe bestätigt dies in „Dichtung und Wahrheit", wo er von seinen Leipziger Studien berichtet. Als er starb, betrauerte ihn ganz Deutschland wie einen Vater. Er war auch der einzige deutsche Dichter, den Friedrich der Große schätzte. Das Gespräch, welches er im Jahre 1760 mit ihm in Leipzig hatte, sei hier mitgeteilt:

König: Ist Er der Fabeldichter Gellert?

Gellert: Zu Ew. Majestät Befehl; ich habe einige Erzählungen geschrieben und bin Professor der Moral.

K.: Professor der Moral? Das thut in unsern Zeiten sehr not: es sind schlimme Zeiten, nicht wahr?

G.: Zu Ew. Majestät Befehl, sehr schlimme Zeiten, zumal in dem armen Sachsen.

K.: Meint Er, daß es bei uns besser aussieht? Dann wäre ich gewiß zu Haus geblieben. Aber ein Professor braucht sich darum nicht zu kümmern. Er muß es machen wie ich, sieht Er; ich lese hier den Tacitus und kümmere mich nicht um die Welthändel und den Krieg.

G.: Ew. Majestät lesen den Tacitus in einer französischen Über= setzung? Wir haben auch eine gute deutsche Übersetzung.

Gellert verteidigte nun die deutsche Litteratur gegen des Königs geringschätziges Urteil. Endlich sagte dieser: „Kann Er keine von seinen Fabeln auswendig?"

G.: Ich zweifle; mein Gedächtnis ist mir sehr ungetreu.

K.: Besinne Er sich, ich will indessen herumgehen. — Der König ging, die Hände auf dem Rücken, im Zimmer auf und ab, spielte mit seinen Hunden, während Gellert sich besann. — „Nun, hat Er eine?"

G. (aufstehend): Ja, Ew. Majestät, „Den Maler". (Er trägt diese Fabel vor; s. Nr. 10.)

Der König, der während des Vortrags durch freundliches Kopf nicken mehrmals seinen Beifall bezeigt hatte, sagte: Das ist recht schön: Er hat so etwas Coulantes in seinen Versen, das verstehe ich alles. Da hat mir aber Gottsched eine Übersetzung der Iphigenie vorgelesen: ich habe das Französische dabei gehabt und kein Wort verstanden .... Nun, wenn ich hier bleibe, so muß Er öfter wiederkommen und Seine Fabeln mitbringen und mir etwas vorlesen.

G.: Ich weiß nicht, ob ich gut lese; ich habe so einen singenden gebirgischen Ton.

K.: Ja, wie die Schlesier. Nein, Er muß seine Fabeln selbst lesen, sie verlieren sonst viel. Nun, komm' Er bald wieder!

Später sagte der König einmal: „Gellert ist der einzige deutsche Dichter, der zur Nachwelt gelangen wird; er hat zwar nur in einer kleinen Gattung, aber in dieser mit Glück gearbeitet."

Fabeln und Erzählungen.

Die Fabel ist die beliebteste Dichtungsart der Zeit. Sie kam besonders durch die Franzosen Lafontaine und de la Motte wieder in Aufnahme, nachdem sie seit der Reformationszeit (Luther und Burkhard Waldis) vernachläſſigt war. Außer Gellert widmen ſich ihr Kleiſt und Gleim. Neue Wege wies auch hier, wenn auch etwas einseitig, Leſſing. Viele seiner Fabeln hat Gellert frei erfunden, andere hat er nach Burkhard Waldis, manche auch nach den Franzosen gedichtet.

1. Der Zeiſig.

Ein Zeiſig war's und eine Nachtigall,
Die einſt zu gleicher Zeit vor Damons Fenſter hingen.
Die Nachtigall fing an ihr göttlich Lied zu ſingen,
Und Damon's kleinem Sohn gefiel der ſüße Schall.
5 „Ach welcher ſingt von beiden doch ſo ſchön?
Den Vogel möcht ich wirklich ſehn!"
Der Vater macht ihm dieſe Freude,
Er nimmt die Vögel gleich herein.
„Hier," ſpricht er, „ſind ſie alle beide;
10 Doch welcher wird der ſchöne Sänger ſein?
Getrauſt du dich, mir das zu ſagen?"
Der Sohn läßt ſich nicht zweimal fragen,
Schnell weiſt er auf den Zeiſig hin;
„Der", ſpricht er, „muß es ſein, ſo wahr ich ehrlich bin.
15 Wie ſchön und gelb iſt ſein Gefieder!
Drum ſingt er auch ſo ſchöne Lieder;
Dem andern ſieht man's gleich an ſeinen Federn an,
Daß er nichts Kluges ſingen kann."

Sagt, ob man im gemeinen Leben
20 Nicht oft wie dieſer Knabe ſchließt?
Wem Farb' und Kleid ein Anſehn geben,
Der hat Verſtand, ſo dumm er iſt.
Strax kömmt, und kaum iſt Strax erſchienen,
So hält man ihn auch ſchon für klug.
25 Warum? Seht nur auf ſeine Mienen,
Wie vorteilhaft iſt jeder Zug!

Ein andrer hat zwar viel Geschicke,
Doch weil die Miene nichts verspricht,
So schließt man bei dem ersten Blicke
Aus dem Gesicht, aus der Perücke,
Daß ihm Verstand und Witz gebricht.

2. Der Tanzbär.

Ein Bär, der lange Zeit sein Brot ertanzen müssen,
Entrann und wählte sich den ersten Aufenthalt.
Die Bären grüßten ihn mit brüderlichen Küssen
Und brummten freudig durch den Wald,
Und wo ein Bär den andern sah,
So hieß es: Petz ist wieder da!
Der Bär erzählte drauf, was er in fremden Landen
Für Abenteuer ausgestanden,
Was er gesehn, gehört, gethan!
Und sung, da er vom Tanzen red'te,
Als ging er noch an seiner Kette,
Auf polnisch schön zu tanzen an.

Die Brüder, die ihn tanzen sahn,
Bewunderten die Wendung seiner Glieder,
Und gleich versuchten es die Brüder;
Allein anstatt wie er zu gehn,
So konnten sie kaum aufrecht stehn,
Und mancher fiel die Länge lang darnieder.
Um desto mehr ließ sich der Tanzer sehn;
Doch seine Kunst verdroß den ganzen Haufen.
Fort, schrieen alle, fort mit dir!
Du Narr willst klüger sein, als wir?
Man zwang den Petz, davon zu laufen.

Sei nicht geschickt, man wird dich wenig hassen,
Weil dir dann jeder ähnlich ist;
Doch je geschickter du vor vielen andern bist,
Je mehr nimm dich in acht, dich prahlend sehn zu lassen.
Wahr ist's, man wird auf kurze Zeit
Von deinen Künsten rühmlich sprechen;

30 Doch traue nicht, bald folgt der Neid
Und macht aus der Geschicklichkeit
Ein unvergebliches Verbrechen.

3. Die Geschichte von dem Hute.

Das erste Buch.

Der Erste, der mit kluger Hand
Der Männer Schmuck, den Hut, erfand,
Trug seinen Hut unaufgeschlagen,
Die Krempen hingen flach herab;
5 Und dennoch wußt' er ihn zu tragen,
Daß ihm der Hut ein Ansehn gab.
Er starb und ließ bei seinem Sterben
Den runden Hut dem nächsten Erben.

Der Erbe weiß den runden Hut
10 Nicht recht gemächlich anzugreifen;
Er sinnt, und wagt es kurz und gut,
Er wagt's, zwo Krempen aufzusteifen.
Drauf läßt er sich dem Volke sehn;
Das Volk bleibt vor Verwunderung stehn
15 Und schreit: Nun läßt der Hut erst schön!
Er starb und ließ bei seinem Sterben
Den aufgesteiften Hut dem Erben.

Der Erbe nimmt den Hut und schmählt.
Ich, spricht er, sehe wohl, was fehlt.
20 Er setzt darauf mit weisem Mute
Die dritte Krempe zu dem Hute.
O, rief das Volk, der hat Verstand!
Seht, was ein Sterblicher erfand!
Er, er erhöht sein Vaterland!
25 Er starb und ließ bei seinem Sterben
Den dreifach spitzen Hut dem Erben.

Der Hut war freilich nicht mehr rein;
Doch sagt, wie konnt es anders sein?
Er ging schon durch die vierten Hände.
30 Der Erbe färbt ihn schwarz, damit er was erfände.
Beglückter Einfall! rief die Stadt,
So weit sah keiner noch, als der gesehen hat.

Ein weißer Hut ließ lächerlich,
Schwarz, Brüder, ſchwarz, ſo ſchickt es ſich.
35 Er ſtarb und ließ bei ſeinem Sterben
Den ſchwarzen Hut dem nächſten Erben.
Der Erbe trägt ihn in ſein Haus
Und ſieht, er iſt ſehr abgetragen;
Er ſinnt, und ſinnt das Kunſtſtück aus,
40 Ihn über einen Stock zu ſchlagen.
Durch heiße Bürſten wird er rein;
Er faßt ihn gar mit Schnüren ein.
Nun geht er aus und alle ſchreien:
Was ſehn wir? Sind es Zaubereien?
45 Ein neuer Hut! O glücklich Land,
Wo Wahn und Finſternis verſchwinden!
Mehr kann kein Sterblicher erfinden,
Als dieſer große Geiſt erfand.
Er ſtarb und ließ bei ſeinem Sterben
50 Den umgewandten Hut dem Erben.
Erfindung macht den Künſtler groß
Und bei der Nachwelt unvergeſſen;
Der Erbe reißt die Schnüre los,
Umzieht den Hut mit goldnen Treſſen,
55 Verherrlicht ihn durch einen Knopf
Und drückt ihn ſeitwärts auf den Kopf.
Ihn ſieht das Volk und taumelt vor Vergnügen.
Nun iſt die Kunſt erſt hochgeſtiegen!
Ihm, ſchrie es, ihm allein iſt Geiſt und Witz verliehn!
60 Nichts ſind die andern gegen ihn!
Er ſtarb und ließ bei ſeinem Sterben
Den eingefaßten Hut dem Erben,
Und jedesmal ward die erfund'ne Tracht
Im ganzen Lande nachgemacht.

Ende des erſten Buches.

65 Was mit dem Hute ſich noch ferner zugetragen,
Will ich im zweiten Buche ſagen.
Der Erbe ließ ihm nie die vorige Geſtalt:
Das Außenwerk ward neu, er ſelbſt, der Hut, blieb alt;
Und, daß ich's kurz zuſammenzieh',
70 Es ging dem Hute faſt wie der Philoſophie.

4. Das Gespenst.

Ein Hauswirt, wie man mir erzählt,
Ward lange Zeit durch ein Gespenst gequält.
Er ließ, des Geist's sich zu erwehren,
Sich heimlich das Verbannen lehren;
5 Doch kraftlos blieb der Zauberspruch.
Der Geist entsetzte sich vor keinen Charakteren
Und gab in einem weißen Tuch
Ihm alle Nächte den Besuch.
Ein Dichter zog in dieses Haus.
10 Der Wirt, der bei der Nacht nicht gern allein gewesen,
Bat sich des Dichters Zuspruch aus
Und ließ sich seine Verse lesen.
Der Dichter las ein frostig Trauerspiel,
Das, wo nicht seinem Wirt, doch ihm sehr wohl gefiel.
15 Der Geist, den nur der Wirt, doch nicht der Dichter sah,
Erschien und hörte zu: es fing ihn an zu schauern,
Er konnt' es länger nicht als einen Auftritt dauern;
Denn eh' der andre kam, so war er nicht mehr da.
Der Wirt, von Hoffnung eingenommen,
20 Ließ gleich die andre Nacht den Dichter wiederkommen.
Der Dichter las; der Geist erschien,
Doch ohne lange zu verziehn.
Gut, sprach der Wirt bei sich, dich will ich bald verjagen;
Kannst du die Verse nicht vertragen?
25 Die dritte Nacht blieb unser Wirt allein.
So bald es zwölfe schlug, ließ das Gespenst sich blicken;
Johann! fing drauf der Wirt gewaltig an zu schrein,
Der Dichter (lauft geschwind!) soll von der Güte sein
Und mir sein Trauerspiel auf eine Stunde schicken.
30 Der Geist erschrak und winkte mit der Hand,
Der Diener sollte ja nicht gehen.
Und kurz, der weiße Geist verschwand
Und ließ sich niemals wieder sehen.

Ein jeder, der dies Wunder liest,
35 Zieh' sich daraus die gute Lehre,

---

4 verbannen, bannen, in Bann halten, besprechen. — 6 Cha=
raktere, Zauberzeichen. — 17 dauern, aushalten.

Daß kein Gedicht so elend ist,
Das nicht zu etwas nützlich wäre.
Und wenn sich ein Gespenst vor schlechten Versen scheut,
So kann uns dies zum Troste dienen.
40 Gesetzt, daß sie zu unsrer Zeit
Auch legionenweis erschienen,
So wird, um sich von allen zu befrein,
An Versen doch kein Mangel sein.

5. Der Blinde und der Lahme.

Von ungefähr muß einen Blinden
Ein Lahmer auf der Straße finden,
Und jener hofft schon freudenvoll,
Daß ihn der andre leiten soll.

5 Dir, spricht der Lahme, beizustehen?
Ich armer Mann kann selbst nicht gehen;
Doch scheint's, daß du zu einer Last
Noch sehr gesunde Schultern hast.

Entschließe dich, mich fortzutragen,
10 So will ich dir die Stege sagen:
So wird dein starker Fuß mein Bein,
Mein helles Auge deines sein.

Der Lahme hängt mit seinen Krücken
Sich auf des Blinden breiten Rücken.
15 Vereint wirkt also dieses Paar,
Was einzeln keinem möglich war.

Du hast das nicht, was andre haben,
Und andern mangeln deine Gaben;
Aus dieser Unvollkommenheit
20 Entspringet die Geselligkeit.

Wenn jenem nicht die Gabe fehlte,
Die die Natur für mich erwählte,
So würd' er nur für sich allein
Und nicht für mich bekümmert sein.

25 Beſchwer' die Götter nicht mit Klagen!
Der Vorteil, den ſie dir verſagen
Und jenem ſchenken, wird gemein,
Wir dürfen nur geſellig ſein.

6. Der Prozeß.

Ja, ja, Prozeſſe müſſen ſein!
Geſetzt, ſie wären nicht auf Erden,
Wie könnt' alsdann das Mein und Dein
Beſtimmet und entſchieden werden?
5 Das Streiten lehrt uns die Natur;
Drum, Bruder, recht' und ſtreite nur.
Du ſiehſt, man will dich übertäuben;
Doch gieb nicht nach, ſetz' alles auf,
Und laß dem Handel ſeinen Lauf:
10 Denn Recht muß doch Recht bleiben.

„Was ſprecht ihr, Nachbar? Dieſer Rain,
Der ſollte, meint ihr, euer ſein?
Nein, er gehört zu meinen Huſen."
„Nicht doch, Gevatter, nicht, ihr irrt:
15 Ich will euch zwanzig Zeugen rufen,
Von denen jeder ſagen wird,
Daß lange vor der Schwedenzeit — —"
„Gevatter, ihr ſeid nicht geſcheit!
Verſteht ihr mich? Ich will euch's lehren,
20 Daß Rain und Gras mir zugehören.
Ich will nicht eher ſanfte ruhn;
Das Recht, das ſoll den Ausſpruch thun."
So ſaget Kunz, ſchlägt in die Hand
Und rückt den ſpitzen Hut die Quere.
25 „Ja, eh' ich dieſen Rain entbehre,
So meid' ich lieber Gut und Land."
Der Zorn bringt ihn zu ſchnellen Schritten
Er eilet zu der nahen Stadt.
Allein Herr Glimpf, ſein Advokat,
30 War kurz zuvor ins Amt geritten.

Er läuft und holt Herr Glimpfen ein.
Wie, sprecht ihr, kann das möglich sein?
Kunz war zu Fuß, und Glimpf zu Pferde.
So glaubt ihr, daß ich lügen werde?
35 Ich bitt' euch, stellt das Reden ein,
Sonst werd' ich, diesen Schimpf zu rächen,
Gleich selber mit Herr Glimpfen sprechen.
    Ich sag' es noch einmal, Kunz holt Herr Glimpfen ein,
Greift in den Zaum und grüßt Herr Glimpfen.
40 Herr! fängt er ganz erbittert an,
Mein Nachbar, der infame Mann,
Der Schelm, ich will ihn zwar nicht schimpfen —
Der, denkt nur, spricht, der schmale Rain,
Der zwischen unsern Feldern lieget,
45 Der, spricht der Narr, der wäre sein.
Allein den will ich sehn, der mich darum betrüget.
Herr, fuhr er fort, Herr, meine beste Kuh,
Sechs Scheffel Haber noch dazu!
(Hier wieherte das Pferd vor Freuden.)
50 O, dient mir wider ihn, und helft die Sach' entscheiden.
    Kein Mensch, versetzt Herr Glimpf, dient freudiger als ich.
Der Nachbar hat nichts einzuwenden,
Ihr habt das größte Recht in Händen;
Aus euren Reden zeigt es sich.
55 Genug! verklagt den Ungestümen!
Ich will mich zwar nicht selber rühmen,
Dies thut kein ehrlicher Jurist;
Doch dieses könnt ihr leicht erfahren,
Ob ein Prozeß seit zwanzig Jahren
60 Von mir verloren worden ist!
Ich will euch eure Sache führen,
Ein Wort, ein Mann! ihr sollt sie nicht verlieren.
Glimpf reitet fort. Herr, ruft ihm Kunz noch nach,
Ich halte, was ich euch versprach.
65   Wie hitzig wird der Streit getrieben!
Manch Ries Papier wird voll geschrieben;
Das halbe Dorf muß in das Amt:
Man eilt, die Zeugen abzuhören,
Und fünfundzwanzig müssen schwören,
70 Und diese schwören insgesamt,

Daß, wie die alte Nachricht lehrte,
Der Rain ihm gar nicht zugehörte.
Ei, Kunz, das Ding geht ziemlich schlecht!
Ich weiß zwar wenig von dem Rechte;
75 Doch im Vertraun gered't, ich dächte,
Du hättest nicht das größte Recht.
Manch widrig Urteil kömmt; doch laßt es widrig klingen!
Glimpf muntert den Klienten auf:
„Laßt dem Prozesse seinen Lauf,
80 Ich schwör' euch, endlich durchzubringen;
Doch —"
Herr, ich hör' es schon, ich will das Geld gleich bringen.
Kunz borgt manch Kapital. Fünf Jahre währt der Streit;
Allein warum so lange Zeit?
85 Dies, Leser, kann ich dir nicht sagen,
Du mußt die Rechtsgelehrten fragen.
Ein letztes Urteil kömmt. O seht doch, Kunz gewinnt!
Er hat zwar viel dabei gelitten;
Allein was thut's, daß Haus und Hof verstritten
90 Und Haus und Hof schon angeschlagen sind?
Genug, daß er den Rain gewinnt.
O, ruft er, lernt von mir, den Streit auf's Höchste treiben;
Ihr seht ja, Recht muß doch Recht bleiben!

————

7. Der Arme und der Reiche.

Aret, ein tugendhafter Mann,
Dem nichts als Geld und Güter fehlten,
Rief, als ihn einst die Schulden quälten,
Das Glück um seinen Beistand an.
5 Das Glück, das seine liebsten Gaben
Sonst immer für die Leute spart,
Die von den Gütern beß'rer Art
Nicht gar zu viel bekommen haben,
Entschloß sich dennoch auf sein Flehn,
10 Dem wackern Manne beizustehn,
Und ließ ihn in verborgnen Gründen
Aus Geiz verscharrte Schätze finden.

90) angeschlagen, veranschlagt zum Verkauf.

Er sieht darauf in kurzer Zeit
Von seinen Schuldnern sich befreit;
15 Doch ist ihm wol die Not benommen,
Da statt der Schuldner Schmeichler kommen?
So oft er trinkt, so oft er ißt,
Kommt einer, der ihn durstig küßt,
Nach seinem Wohlsein ängstlich fraget
20 Und ihn mit Höflichkeit und List,
Mit Loben und Bewundern plaget
Und doch durch alles nichts, als daß ihn hungert, saget.

     O Glücke! rief Aret, soll eins von beiden sein,
Kann alle Klugheit nicht von Schmeichlern mich befrein:
25 So will ich mich von Schuldnern lieber hassen,
Als mich von Schmeichlern lieben lassen.
Vor jenen kann man doch zuweilen sicher sein;
Doch diese Brut schleicht sich zu allen Zeiten ein.

8. Die beiden Hunde.

     Daß oft die allerbesten Gaben
Die wenigsten Bewundrer haben,
Und daß der größte Teil der Welt
Das Schlechte für das Gute hält:
5 Dies Übel sieht man alle Tage;
Allein wie wehrt man dieser Pest?
Ich zweifle, daß sich diese Plage
Aus unsrer Welt verdrängen läßt.
Ein einzig Mittel ist auf Erden:
10 Allein es ist unendlich schwer:
Die Narren müssen weise werden,
Und seht, sie werden's nimmermehr.
Nie kennen sie den Wert der Dinge,
Ihr Auge schließt, nicht ihr Verstand;
15 Sie loben ewig das Geringe,
Weil sie das Gute nie gekannt.

     Zween Hunde dienten einem Herrn;
Der eine von den beiden Tieren,
Joli, verstand die Kunst, sich lustig aufzuführen,

20 Und wer ihn sah, vertrug ihn gern.
Er holte die verlornen Dinge
Und spielte voller Ungestüm.
Man lobte seinen Scherz, belachte seine Sprünge;
Seht, hieß es, alles lebt an ihm!
25 Oft biß er mitten in dem Streicheln,
So falsch und boshaft war sein Herz;
Gleich fing er wieder an zu schmeicheln,
Dann hieß sein Biß ein feiner Scherz.
Er war verzagt und ungezogen;
30 Doch ob er gleich zur Unzeit bellt' und schrie,
So blieb ihm doch das ganze Haus gewogen,
Er hieß der lustige Joli.
Mit ihm vergnügte sich Lisette,
Er sprang mit ihr zu Tisch und Bette,
35 Und beide teilten ihre Zeit
In Schlaf, in Scherz und Lustbarkeit;
Sie aber übertraf ihn weit.

Fibel, der andre Hund, war von ganz anderm Wesen,
Zum Witze nicht erseh'n, zum Scherze nicht erlesen,
40 Sehr ernsthaft von Natur, doch wachsam um das Haus,
Ging öfters auf die Jagd mit aus,
War treu und herzhaft in Gefahr
Und bellte nicht, als wenn es nötig war.
Er stirbt. Man hört ihn kaum erwähnen;
45 Man trägt ihn ungerühmt hinaus.
Joli stirbt auch. Da fließen Thränen!
Seht, ihn beklagt das ganze Haus;
Die ganze Nachbarschaft bezeiget ihren Schmerz.

So gilt ein bißchen Witz mehr als ein gutes Herz.

---

9. Der grüne Esel.

Wie oft weiß nicht ein Narr durch thöricht Unternehmen
Viel tausend Thoren zu beschämen!

Neran, ein kluger Narr, färbt einen Esel grün,
Am Leibe grün, rot an den Beinen,

Fängt an, mit ihm die Gassen durchzuziehn;
Er zieht, und jung und alt erscheinen.
Welch Wunder! rief die ganze Stadt,
Ein Esel, zeisiggrün, der rote Füße hat!
Das muß die Chronik einst den Enkeln noch erzählen,
Was es zu unsrer Zeit für Wunderdinge gab!
Die Gassen wimmelten von Millionen Seelen,
Man hebt die Fenster aus, man deckt die Dächer ab;
Denn alles will den grünen Esel seh'n,
Und alle konnten doch nicht mit dem Esel gehn.
Man lief die beiden ersten Tage
Dem Esel mit Bewundrung nach.
Der Kranke selbst vergaß der Krankheit Plage,
Wenn man vom grünen Esel sprach.
Die Kinder in den Schlaf zu bringen,
Sang keine Wärterin mehr von dem schwarzen Schaf;
Vom grünen Esel hört man singen,
Und so gerät das Kind in Schlaf.
Drei Tage waren kaum vergangen,
So war es um den Wert des armen Tiers geschehn;
Das Volk bezeigte kein Verlangen,
Den grünen Esel mehr zu sehn;
Und so bewundernswert er anfangs allen schien,
So dacht' jetzt doch kein Mensch mit einer Silb' an ihn.

Ein Ding mag noch so närrisch sein,
Es sei nur neu, so nimmt's den Pöbel ein:
Er sieht, und er erstaunt; kein Kluger darf ihm wehren.
Drauf kömmt die Zeit und denkt an ihre Pflicht;
Denn sie versteht die Kunst, die Narren zu bekehren,
Sie mögen wollen oder nicht.

10. Der Maler.

Ein kluger Maler in Athen,
Der minder, weil man ihn bezahlte,
Als weil er Ehre suchte, malte,
Ließ einen Kenner einst den Mars im Bilde sehn

5 Und bat ſich ſeine Meinung aus.
Der Kenner ſagt' ihm frei heraus,
Daß ihm das Bild nicht ganz gefallen wollte,
Und daß es, um recht ſchön zu ſein,
Weit minder Kunſt verraten ſollte.
10 Der Maler wandte vieles ein;
Der Kenner ſtritt mit ihm aus Gründen
Und konnt' ihn doch nicht überwinden.

Gleich trat ein junger Geck herein
Und nahm das Bild in Augenſchein.
15 O, rief er bei dem erſten Blicke,
Ihr Götter, welch ein Meiſterſtücke!
Ach welcher Fuß! O wie geſchickt
Sind nicht die Nägel ausgedrückt!
Mars lebt durchaus in dieſem Bilde.
20 Wie viele Kunſt, wie viele Pracht
Iſt in dem Helm und in dem Schilde
Und in der Rüſtung angebracht!

Der Maler ward beſchämt, gerühret
Und ſah den Kenner kläglich an.
25 Nun, ſprach er, bin ich überführet!
Ihr habt mir nicht zu viel gethan.
Der junge Geck war kaum hinaus,
So ſtrich er ſeinen Kriegsgott aus.

Wenn deine Schrift dem Kenner nicht gefällt,
30 So iſt es ſchon ein böſes Zeichen;
Doch wenn ſie gar des Narren Lob erhält,
So iſt es Zeit, ſie auszuſtreichen.

11. Die beiden Wächter.

Zween Wächter, die ſchon manche Nacht
Die liebe Stadt getreu bewacht,
Verfolgten ſich aus aller Macht
Auf allen Bier= und Branntweinbänken
Und ruhten nicht, mit pöbelhaften Ränken
Einander bis aufs Blut zu kränken;

Denn keiner brannte von dem Span,
Woran der andre sich den Tabak angezundet,
Aus Haß den seinen jemals an.
10 Kurz, jeden Schimpf, den nur die Rach' erfindet,
Den Feinde noch den Feinden angethan,
Den thaten sie einander an.
Und jeder wollte bloß den andern überleben,
Um noch im Sarg ihm einen Stoß zu geben.
15 Man riet und wußte lange nicht,
Warum sie solche Feinde waren;
Doch endlich kam die Sache vor Gericht,
Da mußte sich's denn offenbaren,
Warum sie seit so vielen Jahren
20 So heidnisch unversöhnlich waren.
Was war der Grund? Der Brotneid? War er's nicht?
Nein. Dieser sang: Verwahrt das Feuer und das Licht!
Allein so sang der andre nicht;
Er sang: Bewahrt das Feuer und das Licht!
25 Aus dieser so verschiednen Art,
An die sich beid' im Singen zänkisch banden,
Aus dem verwahrt und dem bewahrt
War Spott, Verachtung, Haß und Rach' und Wut entstanden.

Die Wächter, hör' ich viele schrei'n,
30 Verfolgten sich um solche Kleinigkeiten?
Das mußten große Narren sein.
Ihr Herren! stellt die Reden ein,
Ihr könntet sonst unglücklich sein!
Wißt ihr denn nichts von so viel großen Leuten,
35 Die in gelehrten Streitigkeiten
Um Silben, die gleich viel bedeuten,
Sich mit der größten Wut entzweiten?

12. Der Bauer und sein Sohn.

Ein guter, dummer Bauerknabe,
Den Junker Hans einst mit auf Reisen nahm,
Und der, trotz seinem Herrn, mit einer guten Gabe,
Recht dreist zu lügen, wieder kam,

5 Ging kurz nach der vollbrachten Reise
Mit seinem Vater über Land.
Fritz, der im Gehn recht Zeit zum Lügen fand,
Log auf die unverschämtste Weise.
Zu seinem Unglück kam ein großer Hund gerannt.
10 Ja, Vater, rief der unverschämte Knabe,
Ihr mögt mir's glauben oder nicht,
So sag' ich's euch und jedem ins Gesicht,
Daß ich einst einen Hund bei — Haag gesehen habe,
Hart an dem Weg, wo man nach Frankreich fährt,
15 Der — ja, ich bin nicht ehrenwert,
Wenn er nicht größer war, als euer größtes Pferd.

Das, sprach der Vater, nimmt mich Wunder;
Wiewohl ein jeder Ort läßt Wunderdinge sehn.
Wir zum Exempel gehn jetzunder
20 Und werden keine Stunde gehn,
So wirst du eine Brücke sehn,
(Wir müssen selbst darüber gehn,)
Die hat dir manchen schon betrogen;
(Denn überhaupt soll's dort nicht gar zu richtig sein,)
25 Auf dieser Brücke liegt ein Stein,
An den stößt man, wenn man denselben Tag gelogen,
Und fällt und bricht sogleich das Bein.

Der Bub' erschrak, sobald er dies vernommen.
Ach, sprach er, lauft doch nicht so sehr!
30 Doch wieder auf den Hund zu kommen,
Wie groß sagt' ich, daß er gewesen wär'?
Wie euer großes Pferd? Dazu will viel gehören.
Der Hund, jetzt fällt mir's ein, war erst ein halbes Jahr;
Allein, das wollt' ich wohl beschwören,
35 Daß er so groß als mancher Ochse war.

Sie gingen noch ein gutes Stücke;
Doch Fritzen schlug das Herz. Wie konnt' es anders sein?
Denn niemand bricht doch gern ein Bein.
Er sah nunmehr die richterische Brücke
40 Und fühlte schon den Beinbruch halb.
Ja, Vater, fing er an, der Hund, von dem ich red'te,
War groß, und wenn ich ihn auch was vergrößert hätte,
So war er doch viel größer als ein Kalb.

Die Brucke kömmt. Fritz! Fritz! wie wird dir's gehen!
45 Der Vater geht voran; doch Fritz hält ihn geschwind.
Ach Vater, spricht er, seid kein Kind
Und glaubt, daß ich dergleichen Hund gesehen;
Denn kurz und gut, eh' wir darüber gehen,
Der Hund war nur so groß, wie alle Hunde sind.

50   Du mußt es nicht gleich übel nehmen,
Wenn hie und da ein Geck zu lügen sich erkühnt.
Lüg' auch, und mehr als er, und such' ihn zu beschämen,
So machst du dich um ihn und um die Welt verdient.

13. Der Freigeist.

„Ihr, die ihr nach der Tugend strebet,
Ihr, die ihr dem gehorsam seid,
Was die Vernunft und was die Schrift gebeut,
Ein Freigeist lacht euch aus, daß ihr so sklavisch lebet.
5 Was sucht ihr? fragt er euch; nicht die Zufriedenheit?
Ist's möglich, sich so zu betrügen?
Um euch vergnügt zu sehn, raubt ihr euch das Vergnügen?
Ihr sucht die Ruh' und sind't sie in der Last,
Haßt, was ihr liebt, und liebet, was ihr haßt.
10 Habt ihr Vernunft? Ich zweifle fast.
Die Freiheit in der Tugend finden,
Das heißt, um frei zu sein, sich erst an Ketten binden.
    Dringt durch des Aberglaubens Nacht,
Die euch zu finstern Köpfen macht;
15 Folgt der Natur, genießt, was sie euch schenket;
Sucht nichts, als was ihr wünscht; flieht nichts, als was
                                         euch kränket;
Denkt frei und lebet, wie ihr denket,
Und gebt nicht auf die Thoren acht.
Der Pöbel ist der größte Hauf' auf Erden,
20 Von diesem reißt euch los. Er weiß nicht, was er glaubt,
Hält seinen Trieb für unerlaubt
Und sieht nicht, daß er sich sein Glück aus Milzsucht raubt;
Sonst würd' er nicht so abergläubisch werden.

Drum faßt den kurzen Unterricht:
2" Was viele glauben, glaubet nicht.
Sie glauben es aus Trägheit, nichts zu prüfen;
Doch ein Vernünftiger dringt in der Wahrheit Tiefen.
Was iſt die Schrift? Was lehret ſie?
Ein traurig Leben, reich an Müh',
30 Und Rätſel, die wir aufzuſchließen
Erſt der Vernunft entſagen müſſen.
Was iſt das mächtige Gewiſſen?
Ein Ding, das die Erziehung ſchafft,
Ein heilig Erbteil aller Blöden;
35 Doch die, die wiſſen, was ſie reden,
Empfinden nichts von ſeiner Kraft.

Folgt der Natur. Sie ruft; was kann ſie anders wollen,
Als daß wir ihr gehorchen ſollen?
Die Furcht erdachte Recht und Pflicht
40 Und ſchuf den Himmel und die Hölle.
Setzt die Vernunft an ihre Stelle:
Was ſeht ihr da? den Himmel und die Hölle?
O nein, ein weibiſches Gedicht.
Laßt doch der Welt ihr kindiſches Geſchwätze.
45 Was jeden ruhig macht, iſt jedes ſein Geſetze;
Mehr glaubt und braucht ein Kluger nicht."

Dies war der Witz, mit dem in ſeinem Leben
Ein Freigeiſt ſein Syſtem erwies,
Die Tugend von dem Throne ſtieß,
50 Um nur ſein Laſter drauf zu heben.
Sein böſes Herz war ihm Vernunft und Gott,
Und der am Kreuze ſtarb, war oft des Frechen Spott.

Sein Ende kam; und der, der nie gezittert,
Ward plötzlich durch den Tod erſchüttert.
55 Der Schrecken einer Ewigkeit,
Ein Richter, der als Gott ihm fluchte,
Ein Abgrund, welcher ihn ſchon zu verſchlingen ſuchte,
Zerſtörte das Syſtem tollkühner Sicherheit.
Und der, der ſonſt mit ſeinen hohen Lehren
60 Der ganzen Welt zu widerſtehn gewagt,
Fing an, der Magd geduldig zuzuhören,
Und ließ von ſeiner frommen Magd,

Zu der er tausendmal „du christlich Tier" gesagt,
Sich widerlegen und bekehren.
So stark sind eines Freigeists Lehren.

14. Der Jüngling.

Ein Jüngling, welcher viel von einer Stadt gehört,
In der der Segen wohnen sollte,
Entschloß sich, daß er da sich niederlassen wollte.
Dort, sprach er oft, sei dir dein Glück beschert!
Er nahm die Reise vor und sah schon mit Vergnügen
Die liebe Stadt auf einem Berge liegen.
Gottlob! fing unser Jüngling an,
Daß ich die Stadt schon sehen kann.
Allein der Berg ist steil; o, wär' er schon erstiegen!
Ein fruchtbar Thal stieß an des Berges Fuß.
Die größte Menge schöner Früchte
Fiel unserm Jüngling ins Gesichte.
O, dacht' er, weil ich doch sehr lange steigen muß,
So will ich, meinen Durst zu stillen,
Den Reisesack mit solchen Früchten füllen.
Er aß und fand die Frucht vortrefflich vom Geschmack
Und füllte seinen Reisesack.
Er stieg den Berg hinan und fiel den Augenblick
Beladen in das Thal zurück.
O Freund, rief einer von den Höhen,
Der Weg zu uns ist nicht so leicht zu gehen.
Der Berg ist steil, und mühsam jeder Schritt;
Und du nimmst dir noch eine Bürde mit?
Vergiß das Obst, das du zu dir genommen,
Sonst wirst du nicht auf diesen Gipfel kommen.
Steig leer, und steig beherzt, und gieb dir alle Müh';
Denn unser Glück verdienet sie.
Er stieg und sah empor, wie weit er steigen müßte.
Ach, Himmel! ach, es war noch weit.
Er ruht' und aß zu gleicher Zeit
Von seiner Frucht, damit er sich die Müh' versüßte.

Er ſah bald in das Thal und bald den Berg hinan;
Hier traf er Schwierigkeit und dort Vergnügen an.
Er ſinnt. Ja ja, er mag es überlegen.
35 Steig, ſagt' ihm ſein Verſtand, bemüh' dich um dein Glück!
Nein, ſprach ſein Herz, kehr' in das Thal zurück;
Du ſteigſt ſonſt über dein Vermögen.
Ruh' etwas aus und iß dich ſatt,
Und warte, bis dein Fuß die rechten Kräfte hat!
40 Dies that er auch. Er pflegte ſich im Thale,
Entſchloß ſich oft zu gehn und ſchien ſich ſtets zu matt.
Das erſte Hindernis galt auch die andern Male;
Kurz, er vergaß ſein Glück und kam nie in die Stadt.

Dem Jüngling gleichen viele Chriſten.
45 Sie wagen auf der Bahn der Tugend einen Schritt
Und ſehn darauf nach ihren Lüſten
Und nehmen ihre Lüſte mit.
Beſchwert mit dieſen Hinderniſſen,
Weicht bald ihr träger Geiſt zurück,
50 Und, auf ein ſinnlich Glück befliſſen,
Vergeſſen ſie die Müh' um ein unendlich Glück.

————————

15. Das Pferd und der Eſel.

Ein Pferd, dem Geiſt und Mut recht aus den Augen ſahn,
Ging, ſtolz auf ſich und ſeinen Mann,
Und ſtieß (wie leicht iſt nicht ein falſcher Schritt gethan!)
Vor großem Feuer einmal an.
5 Ein träger Eſel ſah's und lachte:
Wer, ſprach er, würd' es mir verzeihn,
Wenn ich dergleichen Fehler machte?
Ich geh' den ganzen Tag und ſtoß' an keinen Stein.
Schweig', rief das Pferd, du biſt zu meinem Unbedachte,
10 Zu meinen Fehlern viel zu klein.

————————

16. Die Bauern und der Amtmann.

Ein sehr geschickter Kandidat,
Der lange schon mit vielem Lobe
Die Kanzeln in der Stadt betrat,
That auf dem Dorfe seine Probe;
5 Allein so gut er sie gethan,
So stand er doch den Bauern gar nicht an.
Nein, der verstorbne Herr, das war ein andrer Mann,
Der hatte recht auf seinen Text studieret
Und Gottes Wort, wie sich's gebühret,
10 Bald griechisch, bald hebräisch angeführet,
Die Kirchenväter oft zitieret,
Die Ketzer stattlich ausschändieret
Und stets so fein schematisieret,
Daß er der Bauern Herz gerühret.

15 „Herr Amtmann, wie gesagt, erstatt' Er nur Bericht,
Wir mögen diesen Herrn nicht haben."
So sagt doch nur, warum denn nicht?
„Er hört's ja wohl, er hat nicht solche Gaben,
Wie der verstorbne Herr."
20   — Der Amtmann widerspricht,
Der Suprindent ermahnt; umsonst, sie hören nicht.
Man mag Amphion sein und Fels und Wald bewegen,
Deswegen kann man doch nicht Bauern widerlegen.
Kurz, man erstattete Bericht,
25 Weil alle steif auf ihrem Sinn beharrten.

Nunmehr kömmt ein Befehl. Ich kann es kaum erwarten,
Bis ihn der Amtmann publiziert.
Ich wette fast, ihr Bauern, ihr verliert!
Man öffnet den Befehl, und seht, der Landsherr wollte,
30 Daß man dem Kandidat das Priestertum vertraun,
Den Bauern gegenteils es hart verweisen sollte.

Der Suprindent fing an die Bauern zu erbaun
Und sprach, so schwierig sie noch schienen,
Doch sehr gelind' und fromm mit ihnen.
35 Herr Doktor! fiel ihm drauf der Amtmann in das Wort,
Wozu soll diese Sanftmut dienen?
Ihr Richter, Schöppen und so fort,

Hört zu! ich will mein Amt verwalten.
Ihr Ochſen, die ihr alle ſeid!
40 Euch Flegeln geb' ich den Beſcheid,
Ihr ſollt den Herrn zu eurem Pfarrn behalten.
Sagt's, wollt ihr oder nicht? denn jetzt ſind wir noch da.
Die Bauern lächelten. Ach ja, Herr Amtmann, ja!

17. Emil.

Emil, der ſeit geraumer Zeit,
Den Klugen wohl bekannt, bei ſeinen Büchern lebte
Und mehr nach der Geſchicklichkeit
Zu einem Amt, als nach dem Amte ſtrebte,
5 Ward einſt von einem Freund gefragt,
Warum er denn kein Amt noch hätte,
Da doch die ganze Stadt ſo rühmlich von ihm red'te,
Und mancher ſich vor ihm ſchon in ein Amt gewagt,
Der nicht den zehnten Teil von ſeinen Gaben hätte?
10 Ich, ſprach Emil, will lieber, daß man fragt,
Warum man mich doch ohn' ein Amt läßt leben,
Als daß man fragt, warum man mir ein Amt gegeben.

18. Der Polyhiſtor.

An jenem Fluß, zu dem wir alle müſſen,
Es mag uns noch ſo ſehr verdrießen,
An jenem Fluß kam einſt ein hochgelehrter Mann,
Beſtäubt von ſeinen Büchern, an
5 Und eilte zu des Charons Kahn.
Willkommen! fing der Fährmann an,
Indem er ſich aufs Ruder lehnte
Und bei dem Wort Willkommen! herzlich gähnte,
Wer ſeid ihr denn, mein lieber Mann?
10 Ein Polyhiſtor, ſprach der Schatten,
Für den die Schulen Ehrfurcht hatten.
Indem er noch vor Charons Kahn
Von ſeinen Sprachen ſprach, von nichts als Stümpern red'te
Und von Quartanten ſchrie, die er geſchrieben hätte,

15 Kam noch ein andrer Schatten an
   Mit einer demutsvollen Miene.
   „Und wer seid Ihr? auch ein gelehrter Mann?"
   Ich zweifle sehr, sprach er, ob ich den Ruhm verdiene.
   Ich habe nichts als mich studiert,
20 Nichts als mein Herz, das mich so oft verführt,
   Des Tiefe sucht' ich zu ergrunden,
   Um meine Ruh' und andrer Ruh' zu finden:
   Allein so viel ich immer nachgedacht,
   Und so bekannt ich mich mit der Vernunft gemacht:
25 So hab' ich's doch nicht weit gebracht,
   Wie mich viel Fehler uberzeugen.
     Der Polyhistor hört's und lacht
   Und eilt, um in den Kahn zu allererst zu steigen.
   Zurück! rief Charon ziemlich hart,
30 Ich muß zuerst den Klugen uberfahren,
   Kaum einer kömmt in hundert Jahren;
   Allein an Leuten eurer Art,
   Die stolze Polyhistors waren,
   Hab' ich mich schon bald lahm gefahren.

19. Der gehoffte Ruhm.

   Voll von sich selbst und von der That,
   Die er vollführt, ging Tullius entzücket
   Jetzt aus Sicilien, wohin ihn der Senat
   Vor einem Jahr als Quästor abgeschicket:
5 Er ging zurück nach Rom und teilte zum voraus
   Im Namen Roms sich die Belohnung aus.
   Wer ist wohl jetzt des Volks Verlangen?
   Wen, dacht' er, nennt man jetzt als mich?
   Wen wird man jauchzender empfangen,
10 Als dich, o Tullius, als dich?
   Das ist er, ruft man dir entgegen,
   Der aus Sicilien der Teurung abgewehrt,
   Der uns mit einem reichen Segen
   Von Korn ein ganzes Jahr ernährt.
15 In diesen schmeichelnden Gedanken
   Stieg bei Puteoli der Quästor an das Land,

Wo er ganz unverhofft vornehme Römer fand,
Die damals gleich den Brunnen tranken.
Schnell ließ er sich vor seinen Gönnern sehn
20 Und suchte schon sein Lob in ihren Mienen.
Ist das nicht Cicero? rief einer unter ihnen.
Ja, ja, er ist's; o das ist schön!
Wie lange haben wir schon nichts von Rom vernommen!
Wie steht's in Rom? wann reisten Sie von da?
25 Wie, rief er ganz erzürnt, wie könnt' ich daher kommen!
Ich komm' aus der Provinz. — Vielleicht aus Afrika?
Versetzt' ein andrer hurtig wieder.
Hier zitterten dem Quästor alle Glieder.
„Nein, aus Sicilien komm' ich als Quästor wieder."
30 Ja, fuhr nunmehr ein dritter fort,
Er kömmt daher; verlaßt euch auf mein Wort.
Mit diesem Ruhm schlich Tullius sich fort.

Du, der du denkst, daß alle von dir wissen,
Von dir jetzt alle reden müssen,
35 Und dich im Herzen stolz erhebst:
Von Tausenden, die dich nach deiner Meinung kennen
Und dich und deine Thaten nennen,
Weiß oft kaum einer, daß du lebst.

—

20. Die Affen und die Bären.

Die Affen baten einst die Bären,
Sie möchten gnädigst sich bemühn
Und ihnen doch die Kunst erklären,
In der die Nation der Bären
5 Die ganze Welt des Walds zu übertreffen schien,
Die Kunst, in der sie noch so unerfahren wären:
Die Jungen groß und stark zu ziehn.
Vielleicht, hub von den Affenmüttern
Die weiseste bedächtig an,
10 Vielleicht, ich sag' es voller Zittern,
Wächst unsre Jugend bloß darum so siech heran,
Weil wir sie gar zu wenig füttern.

Vielleicht ist auch der Mangel an Geduld,
Sie sanft zu wiegen und zu tragen,
15 Vielleicht auch unsre Milch an ihren Fiebern schuld.
Vielleicht schwächt auch das Obst den Magen.
Vielleicht ist selbst die Luft, die unsre Kinder trifft,
(Wer kann sie vor der Luft bewahren?)
Ein Gift in ihren ersten Jahren
20 Und dann auf Lebenszeit ein Gift.
Vielleicht ist, ohne daß wir's denken,
Auch die Bewegung ihre Pest.
Sie können sich durch Springen und durch Schwenken
Oft etwas in der Brust verrenken,
25 Wie sich's sehr leicht begreifen läßt;
Denn unsre Nerven sind nicht fest.
Hier fängt sie zärtlich an zu weinen,
Nimmt eins von ihren lieben Kleinen,
Das sie so lang und herzlich an sich drückt,
30 Bis ihr geliebtes Kind erstickt.

Du, sprach die Bärin, kannst noch fragen,
Warum ihr so bestraft mit kranken Kindern seid?
Nicht liegt's an Luft und Milch und nicht an Obst und Magen;
Ihr tötet sie durch eure Weichlichkeit,
35 Durch eure Liebe vor der Zeit.
Gebt acht auf unsern jungen Haufen;
Wir nehmen sie, sobald sie laufen,
Mit uns in Hitz' und Frost durch Fluren und durch Wald,
So werden sie gesund und alt.

40 Was macht viel Kinder siech? vielleicht Natur und Zeit?
Nein, mehr der Eltern Weichlichkeit.
O Reicher, soll dein Kind gesund in Städten blühen,
So zieh' es in der Stadt, wie es die Dörfer ziehen!

Geistliche Oden und Lieder.

Sie sind charakteristisch für die geistliche Poesie des 18. Jahrhun=
derts im Gegensatz zu der des siebzehnten. Die klassische Vollendung
ging in mystische Überschwenglichkeit über und schlug endlich wieder in
Lehrhaftigkeit und Reflexion um.

21. Bitten.

Gott, deine Güte reicht so weit,
So weit die Wolken gehen;
Du krönst uns mit Barmherzigkeit
Und eilst, uns beizustehen.
5 Herr, meine Burg, mein Fels, mein Hort,
Vernimm mein Flehn, merk' auf mein Wort;
Denn ich will vor dir beten!

Ich bitte nicht um Überfluß
Und Schätze dieser Erden.
10 Laß mir, so viel ich haben muß,
Nach deiner Gnade werden!
Gieb mir nur Weisheit und Verstand,
Dich, Gott, und den, den du gesandt,
Und mich selbst zu erkennen!

15 Ich bitte nicht um Ehr' und Ruhm,
So sehr sie Menschen rühren;
Des guten Namens Eigentum
Laß mich nur nicht verlieren!
Mein wahrer Ruhm sei meine Pflicht,
20 Der Ruhm vor deinem Angesicht
Und frommer Freunde Liebe.

So bitt' ich dich, Herr Zebaoth,
Auch nicht um langes Leben.
Im Glücke Demut, Mut in Not,
25 Das wollest du mir geben!
In deiner Hand steht meine Zeit;
Laß du mich nur Barmherzigkeit
Vor dir im Tode finden!

22. Die Ehre Gottes aus der Natur.

Die Himmel rühmen des Ewigen Ehre;
Ihr Schall pflanzt seinen Namen fort.
Ihn rühmt der Erdkreis, ihn preisen die Meere;
Vernimm, o Mensch, ihr göttlich Wort!

5 Wer trägt der Himmel unzählbare Sterne?
Wer führt die Sonn' aus ihrem Zelt?
Sie kömmt und leuchtet und lacht uns von ferne
Und läuft den Weg, gleich als ein Held.

Vernimm's und siehe die Wunder der Werke,
10   Die die Natur dir aufgestellt!
Verkündigt Weisheit und Ordnung und Stärke
Dir nicht den Herrn, den Herrn der Welt?

Kannst du der Wesen unzählbare Heere,
Den kleinsten Staub fühllos beschaun?
15 Durch wen ist alles? O gieb ihm die Ehre!
Mir, ruft der Herr, sollst du vertraun.

Mein ist die Kraft, mein ist Himmel und Erde:
An meinen Werken kennst du mich.
Ich bin's und werde sein, der ich sein werde,
20   Dein Gott und Vater ewiglich.

Ich bin dein Schöpfer, bin Weisheit und Güte,
Ein Gott der Ordnung und dein Heil;
Ich bin's! Mich liebe von ganzem Gemüte
Und nimm an meiner Gnade teil!

23. Die Güte Gottes.

Wie groß ist des Allmächt'gen Güte!
Ist der ein Mensch, den sie nicht rührt?
Der mit verhärtetem Gemüte
Den Dank erstickt, der ihm gebührt?
5 Nein, seine Liebe zu ermessen,
Sei ewig meine größte Pflicht!
Der Herr hat mein noch nie vergessen:
Vergiß, mein Herz, auch seiner nicht!

Wer hat mich wunderbar bereitet?
10 Der Gott, der meiner nicht bedarf.
Wer hat mit Langmut mich geleitet?
Er, deſſen Rat ich oft verwarf.
Wer ſtärkt den Frieden im Gewiſſen?
Wer giebt dem Geiſte neue Kraft?
15 Wer läßt mich ſo viel Glück genießen?
Iſt's nicht ſein Arm, der alles ſchafft?

Schau', o mein Geiſt! in jenes Leben,
Zu welchem du erſchaffen biſt,
Wo du, mit Herrlichkeit umgeben,
20 Gott ewig ſehn wirſt, wie er iſt!
Du haſt ein Recht zu dieſen Freuden;
Durch Gottes Güte ſind ſie dein.
Sieh, darum mußte Chriſtus leiden,
Damit du könnteſt ſelig ſein.

25 Und dieſen Gott ſollt' ich nicht ehren?
Und ſeine Güte nicht verſtehn?
Er ſollte rufen, ich nicht hören?
Den Weg, den er mir zeigt, nicht gehn?
Sein Will' iſt mir ins Herz geſchrieben;
30 Sein Wort beſtärkt ihn ewiglich.
Gott ſoll ich über alles lieben
Und meinen Nächſten gleich als mich.

Dies iſt mein Dank, dies iſt ſein Wille:
Ich ſoll vollkommen ſein wie er.
35 So lang ich dies Gebot erfülle,
Stell' ich ſein Bildnis in mir her.
Lebt ſeine Lieb' in meiner Seele,
So treibt ſie mich zu jeder Pflicht;
Und ob ich ſchon aus Schwachheit fehle,
40 Herrſcht doch in mir die Sünde nicht.

O Gott! laß deine Güt' und Liebe
Mir immerdar vor Augen ſein!
Sie ſtärk' in mir die guten Triebe,
Mein ganzes Leben dir zu weihn!

15 Sie tröste mich zur Zeit der Schmerzen;
Sie leite mich zur Zeit des Glücks;
Und sie besieg' in meinem Herzen
Die Furcht des letzten Augenblicks!

24. Morgengesang.

Mein erst Gefühl sei Preis und Dank;
Erheb' ihn, meine Seele!
Der Herr hört deinen Lobgesang;
Lobsing ihm, meine Seele!

5 Mich selbst zu schützen, ohne Macht,
Lag ich und schlief im Frieden.
Wer schafft die Sicherheit der Nacht
Und Ruhe für die Müden?

Wer wacht, wenn ich von mir nichts weiß,
10 Mein Leben zu bewahren?
Wer stärkt mein Blut in seinem Fleiß
Und schützt mich vor Gefahren?

Wer lehrt das Auge seine Pflicht,
Sich sicher zu bedecken?
15 Wer ruft dem Tag und seinem Licht,
Die Seele zu erwecken?

Du bist es, Herr und Gott der Welt,
Und dein ist unser Leben.
Du bist es, der es uns erhält
20 Und mir's itzt neu gegeben.

Gelobet seist du, Gott der Macht,
Gelobt sei deine Treue!
Daß ich nach einer sanften Nacht
Mich dieses Tags erfreue.

25 Laß deinen Segen auf mir ruhn,
Mich deine Wege wallen,
Und lehre du mich selber thun
Nach deinem Wohlgefallen!

Nimm meines Lebens gnädig wahr!
30 Auf dich hofft meine Seele.
Sei mir ein Retter in Gefahr,
Ein Vater, wenn ich fehle!

Gieb mir ein Herz voll Zuversicht,
Erfüllt mit Lieb' und Ruhe,
35 Ein weises Herz, das seine Pflicht
Erkenn' und willig thue!

Daß ich, als ein getreuer Knecht,
Nach deinem Reiche strebe,
Gottselig, züchtig und gerecht
40 Durch deine Gnade lebe.

Daß ich, dem Nächsten beizustehn,
Nie Fleiß und Arbeit scheue,
Mich gern an andrer Wohlergehn
Und ihrer Tugend freue.

45 Daß ich das Glück der Lebenszeit
In deiner Furcht genieße
Und meinen Lauf mit Freudigkeit,
Wenn du gebeutst, beschließe!

------

25. Preis des Schöpfers.

Wenn ich, o Schöpfer, deine Macht,
Die Weisheit deiner Wege,
Die Liebe, die für alle wacht,
Anbetend überlege:
5 So weiß ich, von Bewundrung voll,
Nicht, wie ich dich erheben soll,
Mein Gott, mein Herr und Vater!

Mein Auge sieht, wohin es blickt,
Die Wunder deiner Werke.
10 Der Himmel, prächtig ausgeschmückt,
Preist dich, du Gott der Stärke!
Wer hat die Sonn' an ihm erhöht?
Wer kleidet sie mit Majestät?
Wer ruft dem Heer der Sterne?

15 Wer mißt dem Winde ſeinen Lauf?
Wer heißt die Himmel regnen?
Wer ſchließt den Schoß der Erden auf,
Mit Vorrat uns zu ſegnen?
O Gott der Macht und Herrlichkeit!
20 Gott, deine Güte reicht ſo weit,
So weit die Wolken reichen!

Dich predigt Sonnenſchein und Sturm,
Dich preiſt der Sand am Meere.
Bringt, ruft auch der geringſte Wurm,
25 Bringt meinem Schöpfer Ehre!
Mich, ruft der Baum in ſeiner Pracht,
Mich, ruft die Saat, hat Gott gemacht;
Bringt unſerm Schöpfer Ehre!

Der Menſch, ein Leib, den deine Hand
30 So wunderbar bereitet;
Der Menſch, ein Geiſt, den ſein Verſtand,
Dich zu erkennen, leitet;
Der Menſch, der Schöpfung Ruhm und Preis,
Iſt ſich ein täglicher Beweis
35 Von deiner Güt' und Größe.

Erheb' ihn ewig, o mein Geiſt!
Erhebe ſeinen Namen!
Gott, unſer Vater, ſei gepreiſt,
Und alle Welt ſag' Amen!
40 Und alle Welt fürcht' ihren Herrn
Und hoff' auf ihn und dien' ihm gern!
Wer wollte Gott nicht dienen?

26. Weihnachtslied.

Dies iſt der Tag, den Gott gemacht;
Sein werd' in aller Welt gedacht!
Ihn preiſe, was durch Jeſum Chriſt
Im Himmel und auf Erden iſt!

5 Die Völker haben dein geharrt,
Bis daß die Zeit erfüllet ward;
Da ſandte Gott von ſeinem Thron
Das Heil der Welt, dich, ſeinen Sohn.

Wenn ich dies Wunder fassen will,
10 So steht mein Geist vor Ehrfurcht still;
Er betet an, und er ermißt,
Daß Gottes Lieb' unendlich ist.

Damit der Sünder Gnad' erhält,
Erniedrigst du dich, Herr der Welt,
15 Nimmst selbst an unsrer Menschheit teil,
Erscheinst im Fleisch und wirst uns Heil.

Dein König, Zion, kömmt zu dir:
„Ich komm', im Buche steht von mir;
Gott, deinen Willen thu' ich gern."
20 Gelobt sei, der da kömmt im Herrn!

Herr, der du Mensch geboren wirst,
Immanuel und Friedefürst,
Auf den die Väter hoffend sahn,
Dich, Gott Messias, bet' ich an.

25 Du, unser Heil und höchstes Gut,
Vereinest dich mit Fleisch und Blut,
Wirst unser Freund und Bruder hier,
Und Gottes Kinder werden wir.

Gedanke voller Majestät!
30 Du bist es, der das Herz erhöht.
Gedanke voller Seligkeit!
Du bist es, der das Herz erfreut.

Durch Eines Sünde fiel die Welt.
Ein Mittler ist's, der sie erhält.
35 Was zagt der Mensch, wenn der ihn schützt,
Der in des Vaters Schoße sitzt?

Jauchzt, Himmel, die ihr ihn erfuhrt,
Den Tag der heiligsten Geburt!
Und Erde, die ihn heute sieht,
40 Sing ihm, dem Herrn, ein neues Lied!

Dies ist der Tag, den Gott gemacht;
Sein werd' in aller Welt gedacht!
Ihn preise, was durch Jesum Christ
Im Himmel und auf Erden ist.

27. Abendlied.

Herr, der du mir das Leben
Bis diesen Tag gegeben,
Dich bet' ich kindlich an!
Ich bin viel zu geringe
5   Der Treue, die ich singe,
Und die du heut an mir gethan.

Mit dankendem Gemüte
Freu' ich mich deiner Güte;
Ich freue mich in dir.
10 Du giebst mir Kraft und Stärke,
Gedeih'n zu meinem Werke,
Und schaffst ein reines Herz in mir.

Gott, welche Ruh' der Seelen,
Nach deines Worts Befehlen
15 Einher im Leben gehn,
Auf deine Güte hoffen,
Im Geist den Himmel offen
Und dort den Preis des Glaubens sehn!

Ich weiß, an wen ich glaube,
20 Und nahe mich im Staube
Zu dir, o Gott, mein Heil!
Ich bin der Schuld entladen,
Ich bin bei dir in Gnaden,
Und in dem Himmel ist mein Teil.

25 Bedeckt mit deinem Segen,
Eil' ich der Ruh' entgegen;
Dein Name sei gepreist!
Mein Leben und mein Ende
Ist dein; in deine Hände
30 Befehl' ich, Vater, meinen Geist.

28. Passionslied.

(Wetärzt.)

Herr, stärke mich, dein Leiden zu bedenken,
Mich in das Meer der Liebe zu versenken,
Die dich bewog, von aller Schuld des Bösen
    Uns zu erlösen!

5 Vereint mit Gott, ein Mensch gleich uns auf Erden,
Und bis zum Tod am Kreuz gehorsam werden;
An unsrer Statt gemartert und zerschlagen,
    Die Sünde tragen:

Welch wundervoll hochheiliges Geschäfte!
10 Sinn' ich ihm nach, so zagen meine Kräfte,
Mein Herz erbebt; ich seh', und ich empfinde
    Den Fluch der Sünde.

Gott ist gerecht, ein Rächer alles Bösen.
Gott ist die Lieb' und läßt die Welt erlösen.
15 Dies kann mein Geist mit Schrecken und Entzücken
    Am Kreuz erblicken.

Es schlägt den Stolz und mein Verdienst danieder,
Es stürzt mich tief, und es erhebt mich wieder,
Lehrt mich mein Glück, macht mich aus Gottes Feinde
20   Zu Gottes Freunde.

O Herr! mein Heil, an dessen Blut ich glaube,
Ich liege hier vor dir gebückt im Staube,
Verliere mich mit dankendem Gemüte
    In deine Güte.

25 Laß deinen Geist mich stets, mein Heiland, lehren,
Dein göttlich Kreuz im Glauben zu verehren!
Daß ich, getreu in dem Beruf der Liebe,
    Mich christlich übe.

29. Vertrauen auf Gottes Vorsehung.

Auf Gott, und nicht auf meinen Rat
Will ich mein Glücke bauen
Und dem, der mich erschaffen hat,
Mit ganzer Seele trauen.

Er, der die Welt
Allmächtig hält,
Wird mich in meinen Tagen
Als Gott und Vater tragen.

Er ſah von aller Ewigkeit,
10 Wie viel mir nützen würde,
Beſtimmte meine Lebenszeit,
Mein Glück und meine Bürde.
Was zagt mein Herz?
Iſt auch ein Schmerz,
15 Der zu des Glaubens Ehre
Nicht zu beſiegen wäre?

Gott kennet, was mein Herz begehrt,
Und hätte, was ich bitte,
Mir gnädig, eh' ich's bat, gewährt,
20 Wenn's ſeine Weisheit litte.
Er ſorgt für mich
Stets väterlich.
Nicht, was ich mir erſehe,
Sein Wille, der geſchehe!

25 Iſt nicht ein ungeſtörtes Glück
Weit ſchwerer oft zu tragen
Als ſelbſt das widrige Geſchick,
Bei deſſen Laſt wir klagen?
Die größte Not
30 Hebt doch der Tod;
Und Ehre, Glück und Habe
Verläßt mich doch im Grabe.

An dem, was wahrhaft glücklich macht,
Läßt Gott es keinem fehlen;
35 Geſundheit, Ehre, Glück und Pracht
Sind nicht das Glück der Seelen.
Wer Gottes Rat
Vor Augen hat,
Dem wird ein gut Gewiſſen
40 Die Trübſal auch verſüßen.

Was iſt des Lebens Herrlichkeit?
Wie bald iſt ſie verſchwunden!
Was iſt das Leiden dieſer Zeit?
Wie bald iſt's überwunden!
45 Hofft auf den Herrn!
Er hilft uns gern;
Seid fröhlich, ihr Gerechten!
Der Herr hilft ſeinen Knechten.

30. Oſterlieb.

Jeſus lebt, mit ihm auch ich.
Tod, wo ſind nun deine Schrecken?
Er, er lebt und wird auch mich
Von den Toten auferwecken.
5 Er verklärt mich in ſein Licht;
Dies iſt meine Zuverſicht.

Jeſus lebt, ihm iſt das Reich
Über alle Welt gegeben;
Mit ihm werd' auch ich zugleich
10 Ewig herrſchen, ewig leben.
Gott erfüllt, was er verſpricht;
Dies iſt meine Zuverſicht.

Jeſus lebt, wer nun verzagt,
Läſtert ihn und Gottes Ehre.
15 Gnade hat er zugeſagt,
Daß der Sünder ſich bekehre.
Gott verſtößt in Chriſto nicht;
Dies iſt meine Zuverſicht.

Jeſus lebt, ſein Heil iſt mein;
20 Sein ſei auch mein ganzes Leben!
Reines Herzens will ich ſein
Und den Lüſten widerſtreben.
Er verläßt den Schwachen nicht;
Dies iſt meine Zuverſicht.

25 Jeſus lebt, ich bin gewiß;
Nichts ſoll mich von Jeſu ſcheiden,
Keine Macht der Finſternis,
Keine Herrlichkeit, kein Leiden.

Er giebt Kraft zu dieser Pflicht:
30   Dies ist meine Zuversicht.

Jesus lebt, nun ist der Tod
Mir der Eingang in das Leben.
Welchen Trost in Todesnot
Wird er meiner Seele geben,
35   Wenn sie gläubig zu ihm spricht:
Herr, Herr, meine Zuversicht!

Ein Brief Gellerts
an das Fräulein Erdmuth von Schönfeld.

Leipzig, den 5. Dezember 1758.

Den 18. November ließ sich ein Husarenlieutenant von dem
5 Gefolge des Generals Malachowsky sehr ungestüm bei mir melden. Der Gewalt, dachte ich, kann niemand widerstehen, fasse
dich und nimm den Besuch an, es begegne dir auch, was da
will. Sogleich trat ein hagerer, schwarzer Mann mit drohenden
Augen, kotigen Stiefeln und blutigen Spuren hastig auf mich
10 zu. Sein gelbes Haar war in einen Knoten, und sein Bart
in etliche kleine geknüpft. Mit der linken Hand hielt er einen
fürchterlichen Säbel und in der Rechten (den Arm mit dazu
genommen) den Stock, ein Paar Pistolen, die Mütze und eine
Karbatsche, mit Draht durchflochten. „Was ist zu Ihrem Be-
15 fehle, Herr Lieutenant", fing ich mit Zittern an. „Haben Sie
Ordre, mich zu arretieren? Ich bin unschuldig." — „Nein,
mein Herr. Sind Sie der berühmte Bücherschreiber und Professor Gellert?" — „Ja, ich bin Gellert." — „Nun, es freut
mich, Sie zu sehen und zu umarmen (o, wie zitterte ich bei
20 dieser Umarmung)! Ich bin ein großer Verehrer Ihrer Schriften;
sie haben mir bei meinen Feldzügen große Dienste gethan, und
ich komme, Ihnen zu danken und Sie meiner Freundschaft zu
versichern." — „Das ist zu viel Ehre für mich, Herr Lieutenant.
(Mehr konnte ich vor Schrecken noch nicht aus mir hervorbringen.)
25 Haben Sie die Gnade und lassen Sie sich nieder." — „Ja, das
will ich gern thun. Sagen Sie mir nur, wie haben Sie's
angefangen, daß Sie so viele schöne Bücher schreiben können?"
— „Ob meine Bücher schön sind, Herr Lieutenant, das weiß
ich nicht; aber wie ich's mit meinen Büchern angefangen habe,

das kann ich Ihnen sagen. Wenn ich Lust und Zeit zum
Schreiben hatte, so dachte ich ein wenig nach, was ich schreiben
wollte. Alsdann setzte ich mich hin, vergaß alles andre, dachte
nur an meinen Gegenstand und schrieb, was mir dieser eingab,
so gut ich konnte. War ich fertig, so fragte ich ehrliche Leute, 5
ob sie das Werk für gut hielten und was sie zu erinnern hatten.
Sagten sie, es wäre gut, ich sollte es hin und wieder verbessern
und es alsdann drucken lassen, so besserte ich und ließ drucken.
Dieses, Herr Lieutenant, ist die Geburt meiner Schriften, die
das Glück gehabt haben, Ihnen zu gefallen." — „Nun, das will 10
ich mir merken", versetzte er. „Ich habe oft Lust und Zeit zum
Schreiben, und sobald die verteufelten Russen aus dem Lande
sind, will ich einen Versuch nach Ihrer Weise machen. Jetzt aber
biete ich Ihnen ein Andenken von meiner Beute an. Sie haben
doch wohl keinen Rubel in ihrer Schatulle, Herr Professor; lesen 15
Sie sich also einen aus. Diese hier sind von einem Kosacken=
obersten, den ich bei Zorndorf vom Pferde hieb, und diese da
von der Frau eines russischen Offiziers, die in der Flucht mit
dem Pferde stürzte." — Es lief mir bei diesem Präsente eiskalt
über den Leib. „Das sei ferne, daß ich Ihnen einen Teil Ihrer 20
Beute entziehen sollte. Nein, lieber Herr Lieutenant, behalten
Sie Ihre Rubel, ich habe genug an der Gewogenheit, aus der
Sie mir dieselben anbieten." — „Aber Sie müssen ein Anden=
ken von mir annehmen, Herr Professor. Gefallen Ihnen diese
Pistolen? Es sind sibirische. Und diese Peitsche, das ist eine 25
Knute. Beides ist zu Ihren Diensten. Ich habe noch treffliches
Gewehr erbeutet, türkisches, tartarisches, es steht bei Eulenburg,
und was Sie verlangen, will ich Ihnen schicken, ein Wort ein
Mann! Der Soldat hat nichts Kostbareres als Beute, mit seinem
Blute erfochten. Warum gefallen Ihnen diese Pistolen nicht? 30
Es ist auserlesenes Gewehr." — Hier nahm ich ihn bei der
Hand und führte in an meine Bücherschränke. „Dieses ist mein
Gewehr, Herr Lieutenant, mit dem ich umzugehen weiß. Wollen
sie sich ein Andenken von meiner gelehrten Beute auslesen?" —
„Ja, geben Sie mir Ihre Trostgründe wieder ein siesches Leben, 35
wenn ich etwa von den Russen blessiert würde; denn, ach, die
Russen, das ist ein schreckliches Volk! Sie stehen wie die Berge
so fest; und man arbeitet sich müde und tot, ehe man sie zum
Weichen bringt." Nunmehr wollte er mir die letzte Bataille
erzählen, aber zu meinem Glücke schlug es; meine Zuhörer kamen 40

haufenweise, und ich sagte dem Husarenlieutenant, daß ich ein
Kollegium hätte. Er bot mir noch einmal sein Gewehr an,
umarmte mich herzlich, war unzufrieden, daß ich nichts annehmen
wollte, besah meinen Katheder, wünschte mir viel Gutes und
5 ging mit seinen Pistolen und seiner Knutpeitsche, die ihm ein
Husar, der die Treppe nebst etlichen andern Kameraden besetzt
hielt, abnahm. „Peter!" rief der Lieutenant, „das ist der Herr,
der die schönen Fabeln geschrieben hat." Peter sah mich starr
an, griff ehrerbietig an die Mütze und lächelte mir seinen
10 wilden Beifall zu. Die andern Husaren bückten sich auch sehr
tief, und unter diesen Umständen begleitete ich den Lieutenant
die Treppe hinunter. — „Kann ich Ihnen", war sein letztes
Wort, „noch bei dem General Malachowsky auf irgend eine
Weise dienen?" — „Im geringsten nicht." — „Oder bei dem
15 General Dohna?" — „Ich danke unterthänig." - „Oder auch
bei dem Könige?" — „Nein, Herr Lieutenant, empfehlen Sie ihm
den Frieden in meinem Namen fußfällig" - und schnell entfloh
ich den Husaren.

VII.
Christian Ewald von Kleist.

Geb. in Zeblin in Pommern 7. März 1715, studierte in Königsberg Rechte und Mathe-
matik, widmete sich aber dann dem Militärdienste, da er keine Anstellung fand. 1736
trat er in dänische Dienste, aber 1740 forderte ihn Friedrich der Gr. für seine Armee.
Hier wurde er 1749 Hauptmann und 1756 Major und wurde am 12. August 1759 in
der Schlacht bei Kunersdorf tödlich verwundet. Am 24. August starb er im Lazareth
zu Frankfurt a. O., wo ihm ein Denkmal errichtet ist.

Er war eine sinnige, innerlich gerichtete Natur, die sich auch in
seinen Gedichten deutlich ausspricht. In ihnen tritt uns aus dem ganzen
Kreise der Leipziger und Hallischen Dichter am deutlichsten wahre Empfindung entgegen. Aber es ist ein elegischer, zum Teil trübsinniger Ton,
der vielfach hindurchklingt, und dieser hat seinen Grund in dem Wider-
streit zwischen seinen innern Neigungen und seinem Berufe. Nur die
unbegrenzte Begeisterung für seinen König hielt ihn bei der Fahne, das
Leben und Treiben des Offizierstandes, der damals Dichten und alle
Beschäftigung mit den schönen Wissenschaften für eine Schande hielt, war
ihm zuwider. So suchte er Trost und Erholung in der Dichtung, die,
seinen Neigungen und der Zeit entsprechend, zwei Haupt-Richtungen
nahm, die eine auf die Verherrlichung der Natur, die andere auf die

Verherrlichung des großen Königs, der Vaterlandsliebe und Königs-
treue. Der ersteren entsprang „Der Frühling" und „Irin", der
zweiten „Cissides und Paches" und die Oden. Aber auch die beiden
andern Ideale der Zeit, Religion und Freundschaft, erfüllen ihn
(Hymne, Irin, Leander und Selin); daneben dichtet er auch ana=
kreontische Lieder. Seine treuen und aufrichtigen Freunde waren Lessing
und Gleim. Der noch vorhandene und kritisch herausgegebene Brief=
wechsel mit dem letzteren gewährt einen vollständigen Einblick in sein
Seelenleben. Wenn Lessing seine Litteraturbriefe „an einen verwundeten
Officier" richtete, so dachte er dabei an Kleist; er begleitete seine poeti=
schen Arbeiten mit dem lebhaftesten und freundschaftlichsten Interesse,
und unter den vielen, die ihm Nachrufe und Grabinschriften widmeten,
fehlte auch er nicht. Sein Epigramm lautete:

O Kleist, Dein Denkmal dieser Stein?
Du wirst des Steines Denkmal sein.

1. Hymne.

Groß ist der Herr! Die Himmel ohne Zahl
Sind seine Wohnungen;
Sein Wagen Sturm und donnernde Gewölk',
Und Blitze sein Gespann.
5 Die Morgenröt' ist nur ein Wiederschein
Von seines Kleides Saum;
Und gegen seinen Glanz ist alles Licht
Der Sonne Dämmerung.
Er sieht mit gnäd'gem Blick von seiner Höh'
10 Zur Erd' herab: sie lacht.
Er schilt: und Feuer fährt von Felsen auf,
Des Erdballs Axe bebt.
Lobt den gewaltigen, den gnäd'gen Herrn,
Ihr Lichter seiner Burg,
15 Ihr Sonnenheere! flammt zu seinem Ruhm!
Ihr Erden, singt sein Lob!
Erhebet ihn, ihr Meere! braust sein Lob!
Ihr Flüsse, rauschet es!
Es neige sich der Zedern hohes Haupt
20 Und jeder Wald für ihn!

---

20 für ihn — vor ihm, eig. vor ihn hin.

Ihr Löwen, brüllt zu seiner Ehr' im Hain!
Singt ihm, ihr Vögel, singt!
Seid sein Altar, ihr Felsen, die er traf,
Eu'r Dampf sey Weihrauch ihm!

25   Der Wiederhall lob' ihn! und die Natur
Sing' ihm ein froh Konzert!
Und du, der Erden Herr, o Mensch, zerfleuß
In Harmonien ganz!

Dich hat er mehr als alles sonst beglückt;
30   Er gab dir einen Geist,
Der durch den Bau des Ganzen dringt, und kennt
Die Räder der Natur.

Erheb' ihn doch, zu deiner Seligkeit!
Er braucht kein Lob zum Glück;
35   Die niedern Neigungen und Laster fliehn,
Wenn du zu ihm dich schwingst.

Die Sonne steige nie aus roter Flut
Und sinke nie darein,
Daß du nicht deine Stimm' vereinigst mit
40   Der Stimme der Natur.

Lob' ihn im Regen und in dürrer Zeit,
Im Sonnenschein und Sturm!
Wann's schneit, wann Frost aus Wasser Brücken baut,
Und wann die Erde grunt.

45   In Überschwemmungen, in Krieg und Pest
Trau ihm, und sing ihm Lob!
Er sorgt für dich; denn er erschuf zum Glück
Das menschliche Geschlecht.

Und o! wie liebreich sorgt er auch für mich!
50   Statt Golds und Ruhms giebt er
Vermögen mir, die Wahrheit einzuziehn,
Und Freund' und Saitenspiel.

Erhalte mir, o Herr! was du verleihst,
Mehr brauch' ich nicht zum Glück.
55   Durch heil'gen Schau'r will ich, ohnmächtig sonst,
Dich preisen ewiglich!

In finſtern Wäldern will ich mich allein
Mit dir beſchäftigen,
Und ſeufzen laut, und nach dem Himmel ſehn,
ω Der durch die Zweige blickt.

Und irren ans Geſtad' des Meers, und dich
In jeder Woge ſehn,
Und hören dich im Sturm, bewundern in
Der Au Tapeten dich.

65 Ich will entzückt auf Felſen klimmen, durch
Zerrißne Wolken ſehn,
Und ſuchen dich den Tag, bis mich die Nacht
In heil'ge Träume wiegt.

2. Der Frühling.

Ein Gedicht.

(Nach der umgearbeiteten Ausgabe von 1756.)

Empfang mich, ſchattiger Hain, voll hoher grüner Gewölbe!
Empfang mich! Fülle mit Ruh und holder Wehmut die Seele!
Führ' mich in Gängen voll Nacht zum glänzenden Throne der
Tugend,
Der um ſich die Schatten erhellt! Lehr' mich den Wiederhall reizen
Zum Ruhm verjüngter Natur! Und ihr, ihr lachenden Wieſen, 5
Ihr holde Thäler voll Roſen, von lauten Bächen durchirret,
Mit euren Düften will ich in mich Zufriedenheit ziehen
Und, wenn Aurora euch weckt, mit ihren Strahlen ſie trinken.
Geſtreckt im Schatten will ich in güldne Saiten die Freude,
Die in euch wohnet, beſingen. Reizt und begeiſtert die Sinnen, 10
Daß meine Töne die Gegend wie Zephyrs Liſpeln erfüllen
Und wie die rieſelnden Bäche!

Auf roſenfarbnem Gewölke, bekränzt mit Tulpen und Veilchen,
Sank jüngſt der Frühling vom Himmel. Aus ſeinem Buſen
ergoß ſich
Die Milch der Erden in Strömen. Schnell rollte von Hügel 15
und Bergen

---

3 Der Thron der Tugend iſt die Natur. — 9 Saiten, gewiſſer=
maßen in güldne Saiten hineinſingen.

Der Schnee in Haufen herab, und Felder wurden zu Seeen — —
Allmählich verſiegte die Flut. Von eilenden Dünſten und Wollen
Flohn junge Schatten umher. Es ſchien der Himmel erweitert
Und war voll Schimmer und Strahlen. Zwar ſtreute der
                                             weichende Winter
20 Noch oft bei nächtlicher Umkehr von den geſchüttelten Flügeln
Reif, Eis und Schauer von Schnee; noch ließen wütriſche Stürme
Die rauhe, dumpfichte Stimm' aus Islands Gegend ertönen,
Durchſtreiften klagende Klüfte, verheerten taumelnde Wälder
Und bliefen Schrecken und Furcht herum, Verderben und Kälte,
25 Doch endlich ſiegte der vor noch ungeſicherte Frühling.
Die Luft ward ſanfter; es deckt' ein bunter Teppich die Felder;
Die Schatten wurden belaubt, ein ſanft Getön erwachte
Und floh und wirbelt' umher im Hain voll grünlicher Dämmrung;
Die Bäche färbten ſich ſilbern, im Luftraum floſſen Geruche,
30 Und Echo höret im Grunde die frühe Flöte des Hirten.

Ihr, deren zweifelhaft Leben gleich trüben Tagen des Winters
Ohn Laſt und Freude verſließt, die ihr in Hohlen des Elends
Die finſtern Stunden verſeufzt, betrachtet die Jugend des Jahres,
Dreht jetzt die Augen umher, laßt tauſend farbichte Scenen
35 Die ſchwarzen Bilder verfarben! Es mag die niedrige Ruhmſucht,
Die ſchwache Rachgier, der Geiz und ſeufzender Blutdurſt ſich
                                             härmen;
Ihr ſeid zur Freude geſchaffen, der Schmerz ſchimpft Tugend
                                             und Unſchuld.
Saugt Luſt und Anmut in euch! Schaut her, ſie gleitet im
                                             Luſtkreis
Und grünt und rieſelt im Thal. Und ihr, ihr Bilder des Frühlings,
40 Ihr blühenden Schönen, flieht jetzt den atemraubenden Aushauch
Von güldnen Kerkern der Städte! Kommt, kommt in winkende
                                             Felder!
Kommt, überlaſſet dem Zephyr die kleinen Wellen der Locken,
Setzt euch in Seeen und Bachen, gleich jungen Blumen des Ufers!
Pflückt Morgentulpen voll Tau und ziert den wallenden Buſen.

16 Im erſten Druck folgt hier „Das Gemälde einer großen
Überſchwemmung." 25 vor, vorher, bisher. — 27 Die Schatten
wurden dichter durch das Laub. — 30 frühe, früh am Morgen ertö-
nend. 31 Laßt die Farbenpracht der Natur die ſchwarzen Bilder,
die eure Seele verdüſtern, erhellen. — 36 nach Befriedigung ſeufzend.
— 37 beſchimpft, entwürdigt.

Der Dichter versetzt sich nunmehr in eine ländliche Umgebung, Feld
der, Wiesen, Seen, belebt von Menschen und Tieren, in der Ferne
das Meer.

Die Lerche steigt in die Luft, sieht unter sich Klippen und Thäler, 45
Entzückung tönet aus ihr. Der Klang des wirbelnden Liedes
Ergötzt den ackernden Landmann: er horcht eine Weile, dann
lehnt er
Sich auf den gleitenden Pflug, zieht braune Wellen ins Erdreich,
Verfolgt von Krähen und Elstern. Der Säemann schreitet
gemessen,
Und wirft den Samen ihm nach ... O, daß der mühsame 50
Landwirt
Für sich den Samen nur streute! Daß ihn die Weinstöcke
tränkten
Und in den Wiesen für ihn nur bunte Wogen sich wälzten!
Allein der fräßige Krieg, vom zähnebleckenden Hunger
Und wilden Scharen begleitet, verheert oft Arbeit und Hoffnung:
Er stürmet rasend einher, zertritt die nährenden Halmen; 55
Reißt Stab und Reben zu Boden; entzündet Dörfer und Wälder
Für sich zum flammenden Lustspiel. Wie wenn der Rachen
des Ätna
Mit ängstlich wildem Geschrei, daß Meer und Klippen es hören,
Die Gegend um sich herum, vom untern Donner zerrüttet,
Mit Schrecken und Tod überspeit und einer flammenden Sündflut. 60

Ihr, denen zwanglose Völker das Steuer der Herrschaft
vertrauen,
Führt ihr durch Flammen und Blut sie zur Glückseligkeit Hafen?
Was wünscht ihr, Väter der Menschen, noch mehrere Kinder?
Ist's wenig,
Viel Millionen beglücken? Erfordert's wenige Mühe?
O mehrt derjenigen Heil, die eure Fittiche suchen, 65
Deckt sie gleich brütenden Adlern, verwandelt die Schwerter in
Sicheln,
Laßt güldne Wogen im Meer, fürs Land, durch Schiffahrt sich türmen,
Erhebt die Weisheit im Kittel und trocknet die Zähren der Tugend!

---

53 ff. Die Beziehung zum Jahre 1756, aus welchem diese Bearbeitung stammt, ist deutlich. — 59 vom unterirdischen Donner. —
67 Bringt durch Handel und Wandel Wohlfahrt ins Land. Ist das
Bild klar?

Wohin verführt mich der Schmerz? Weicht, weicht ihr traurigen
Bilder.
70 Komm, Muse! laß uns die Wohnung und häusliche Wirtschaft
des Landmanns
Und Viehzucht und Gärte betrachten... Hier steigt kein Marmor
aus Bergen
Und zeuget Kämpfer, kein Taxus spitzt sich vor Schlössern, kein Wasser
Folgt hier dem Zuruf der Kunst. Verschränkte, wöllichte Wipfel
Von hohen Linden beschatten ein Haus, von Reben umkrochen,
75 Durch Dorn und Heden befestigt. Ein Teich glänzt mitten im
Hofe,
Mit grünem Floßkraut bestreut, wodurch aus scheinbarer Tiefe
Des Himmels Ebenbild blinkt. Er wimmelt von zahmen Be=
wohnern.
Die Henne jammert am Ufer und ruft die gleitenden Entchen,
Die sie gebrütet; sie fliehn der Stiefmutter Stimme, durch=
plätschern
80 Die Flut und nagen am Schilf. Voll majestätischen Ernstes
Schwimmt hier der Schwan und treibet fern von der Lustbahn
der Jungen
Mit starken Flügeln den Schießhund. Nun spielen die haarichten
Kinder,
Sie tauchen den Kopf ins Wasser, sie hangen im Gleichgewicht
abwärts
Und zeigen die rudernden Füße... Dort läuft ein munteres
Mädchen,
85 Sein buntes Körbchen am Arm, verfolgt von weitschreitenden
Hühnern.
Nun steht es und täuscht sie leichtfertig mit eitelem Wurfe;
begießt sie
Nun plötzlich mit Körnern und sieht sie vom Rücken sich essen
und zanken.
Dort lauscht in dunkeler Höhle das weiße Kaninchen und drehet
Die roten Augen umher. Aus seines Wohnhauses Fenster
90 Sieht das Lachtäubchen sich um; es kratzt den rötlichen Nacken
Und fliegt zum Liebling aufs Dach. Er zürnt ob dessen Verweilen

71 Gärte, st. pl., seit dem 16. Jahrh. neben der schwachen Bildung.
72 Marmorne Statuen sind gewissermaßen durch den Marmor gezeugt.
— 73 Marmorstatuen, Taxusheden, Wasserkünste zeichnen die Schlösser
aus, besonders im Geschmack des 18 Jahrhunderts.

Und dreht ſich um ſich und ſchilt. Bald rührt ihn das Schmeicheln
der Schönen.
Viel Küſſe werden verſchwendet, bis ſie mit ſchnellem Gefieder
Die Luft durchliſpeln und aufwärts ſich zu Geſpielen geſellen,
Die blitzend im Sonnenglanz ſchwärmen.   95
    Er preiſt weiter die Blumenpracht der Gärten und fährt fort:
Seht hin, wie brüſtet der Pfau ſich dort am farbichten Barte!
Voll Eiferſucht über die Kleidung der fröhlichen Blumen ſtol=
ziert er,
Kreiſt rauſchend den grünlichen Schweif voll Regenbögen und
wendet
Den farbenwechſelnden Hals. Die Schmetterlinge, ſich jagend,
Umwälzen ſich über den Bäumen mit bunten Flügeln, voll Liebe 100
Und unentſchloſſen im Wählen beſchaun ſie Knoſpen und Blüte.
Indeſſen impfet der Herr des Gartens Zweige von Kirſchen
Durchſägten Schlehſtämmen ein, die künftig über die Kinder,
Die ſie geſäuget, erſtaunen. Das Bild der Anmut, die Hausfrau
Sitzt in der Laube von Reben, pflanzt Stauden und Blumen   105
auf Leinwand;
Die Freude lächelt aus ihr; ein Kind, der Grazien Liebling,
Hängt ihr mit zarten Armen am Hals und hindert ſie ſchmeichelnd;
Ein andres tändelt im Klee, ſinnt nach und ſtammelt Gedanken.

Ach! wär auch mir es vergönnt, in euch, ihr holden Gefilde,
Geſtreckt in wankende Schatten, am Ufer ſchwatzhafter Bäche   110
Hinfort mir ſelber zu leben, und Leid und niedrige Sorgen
Vorüberrauſchender Luft einſt zuzuſtreuen! Ach möchte
Doch Doris die Thränen in euch von dieſen Wangen verwiſchen
Und bald Geſpräche mit Freunden in euch mein Leiden verſüßen,
Bald redende Tote mich lehren, bald tiefe Bäche der Weisheit   115
Des Geiſtes Wiſſensdurſt ſtillen!... Du Quelle des Glückes,
o Himmel,
Du Meer der Liebe! o tränkte mich doch dein Ausfluß! Soll
gänzlich),
Wie eine Blume mein Leben, erſtickt von Unkraut, verblühen?

―――

113 Doris, allgemeiner Name für die Geliebte, wie auch Phyllis,
Chloris u. a. dem Altertume entlehnte. Inwiefern ſind dieſe Bezeich=
nungen für die ältere Dichtung des 18. Jahrhunderts auch noch bei
Klopſtock und Leſſing charakteriſtiſch? — 115 redende Tote, vermutlich
die tote und doch redende Natur.

Nein, du beseligst dein Werk. Es lispelt ruhige Hoffnung
120 Mir Trost und Labsal zum Herzen. Die Dämmrung flieht vor
             Auroren;
Die finstre Decke der Zukunft wird aufgezogen: ich sehe
Ganz andere Scenen der Dinge und unbekannte Gefilde.
Ich sehe dich, himmlische Doris! du kömmst aus Rosengebüschen
In meine Schatten, voll Glanz und majestätischem Liebreiz:
125 So tritt die Tugend einher, so ist die Anmut gestaltet.
Du singst zur Zither, und Phöbus tritt schnell durch dicke Ge-
             wölke,
Die Stürme schweigen, Olymp merkt auf; das Bildnis der Lieder
Tönt sanft in fernen Gebirgen, und Zephyr weht mir's herüber.
Und du, mein redlicher Gleim, du steigst vom Gipfel des
             Hämus
130 Und rührst die tejischen Saiten voll Lust: die Thore des Himmels
Gehn auf, es lassen sich Cypris und Huldgöttinnen und Amor
Voll Glanz auf funkelnden Wollen in blauen Lüften hernieder
Und singen lieblich darein. Der Sternen weites Gewölbe
Erschallt vom frohen Konzert. Komm bald in meine Reviere,
135 Komm, bring die Freude zu mir, beblüme Triften und Anger,
O Paar! du Trost meines Lebens, du milde Gabe der Gottheit!
Doch wie, erwach' ich vom Schlaf? Wo sind die himmlischen
             Bilder?
Welch ein anmutiger Traum betrog die wachenden Sinnen?
Er flieht von dannen, ich seufze: Zu viel, zu viel vom Ver-
             hängnis
140 Im Durchgang des Lebens gefodert! Hier ist statt Wirklichkeit
             Hoffnung!
Des Wirklichen Schatten beglückt; selbst wird mich's nimmer
             erfreuen.
     Allein, was quält mich die Zukunft? Weg, ihr vergeblichen
             Sorgen!
Laß mich der Wolluft genießen, die itzt der Himmel mir gönnet,
Laß mich das fröhliche Landvolk in dicke Haine verfolgen
145 Und mit der Nachtigall singen und mich beim seufzenden Gießbach
An Zephyrs Tönen ergötzen. Ihr dichten Lauben, von Händen
Der Mutter der Dinge geflochten! ihr dunkeln einsamen Gänge,
Die ihr das Denken erhellt, Irrgärten voller Entzückung

---

127 Bildnis, das Ideal, das Vollkommenste. — 136 Doris und Gleim.

Und Freude, seid mir gegrüßt! Was für ein angenehm Leiden
Und Ruh und sanftes Gefühl durchdringet in euch die Seele!   150
Durchs hohe Laubdach der Schatten, das streichende Lüfte bewegen,
Worunter ein sichtbares Kühl in grünen Wogen sich wälzet,
Blickt hin und wieder die Sonne und übergüldet die Blätter.
Die holde Dämmrung durchgleiten Gerüche von Blüten der
Hecken;
Die Flügel der Westwinde düften.   Jn überirdischer Höhle,   155
Von krausen Büschen gezeugt, sitzt zwischen Blumen der Geißhirt,
Bläst auf der hellen Schallmei, hält ein und höret die Lieder
Hier laut in Buchen ertönen, dort schwach, und endlich verloren;
Bläst, und hält wiederum ein.   Tief unter ihm klettern die
Ziegen
An jähen Wänden von Stein und reißen an bitterm Gesträuche.   160

Der Dichter vertieft sich nunmehr in das Tierleben, besonders das
Vogelleben in Feld und Wald, und fragt:

Wer lehrt die Bürger der Zweige voll Kunst sich Nester zu
wölben,
Und sie vor Vorwitz und Raub, voll süßes Kummers, zu sichern?
Welch ein verborgener Hauch füllt ihre Herzen mit Liebe?
Durch dich ist alles, was gut ist, unendlich wunderbar Wesen,
Beherrscher und Vater der Welt!   Du bist so herrlich im Vogel,   165
Der hier im Dornstrauch hüpft, als in der Feste des Himmels,
In einer kriechenden Raupe, wie in dem flammenden Cherub.
See sonder Ufer und Grund! aus dir quillt alles; du selber
Hast keinen Zufluß in dich.   Die Feuermeere der Sterne
Sind Widerscheine von Pünktchen des Lichts, in welchem du   170
leuchtest.
Du drohst den Stürmen: sie schweigen; berührst die Berge: sie
rauchen.
Das Heulen aufrührischer Meere, die zwischen wässernen Felsen
Den Sand des Grundes entblößen, ist deiner Herrlichkeit Loblied.
Der Donner, mit Flammen beflügelt, verkündigt mit brüllender
Stimme
Die hohen Thaten von dir.   Vor Ehrfurcht zittern die Haine   175
Und wiederhallen dein Lob.   In tausend harmonischen Tönen,
Von dem Verstande gehört, verbreiten Heere Gestirne

---

152 sichtbares Kühl, weil man die Blätter und Zweige sieht,
die es verbreiten. — 172 wässerne Felsen, die Wogen.

Die Größe deiner Gewalt und Huld von Pole zu Pole.
Doch wer berechnet die Menge von deinen Wundern? wer schwingt sich
180 Durch deine Tiefen, o Schöpfer? Vertraut euch den Flügeln der Winde,
Ruht auf den Pfeilen des Blitzes, durchstreicht den glänzenden Abgrund
Der Gottheit, ihr endlichen Geister, durch tausend Alter des Weltbaus:
Ihr werdet dennoch zuletzt kein Pünktchen näher dem Grunde
Als bei dem Ausfluge sein. Verstummt denn, bebende Saiten;
185 So preist ihr würd'ger den Herrn. . . . Ein Meer von holden Gerüchen
Wallt unsichtbar über der Flur in großen, taumelnden Wogen,
Von lauen Winden durchwühlt. Es ist durch tausend Bewohner
Die bunte Gegend belebt. Hochbeinig watet im Wasser
Dort zwischen Kräutern der Storch und blickt begierig nach Nahrung.
190 Dort gaukelt der Kiebitz und schreit ums Haupt des müßigen Knaben,
Der seinem Neste sich naht. Jtzt trabt er vor ihm zum Ufer,
Als hätt' er das Fliegen vergessen, reizt ihn durch Hinken zur Folge
Und lockt ihn endlich ins Feld. Zerstreute Heere von Bienen
Durchsäuseln die Lüfte; sie fallen auf Klee und blühende Stauden
195 Und hängen glänzend daran, wie Tau vom Mondschein vergoldet;
Dann eilen sie wieder zur Stadt, die ihnen im Winkel des Angers
Der Landmann aus Körben erbaut: Ein Bildnis rechtschaffener Weisen,
Die sich der Heimat entziehn, der Menschheit Gefilde durchsuchen
Und dann heimkehren zur Zelle, mit süßer Beute beladen,
200 Uns Honig der Weisheit zu liefern. Ein See voll fliehender Wellen
Rauscht in der Mitte der Au, draus steigt ein Eiland zur Höhe,
Mit Bäumen und Hecken gekrönt, das, wie vom Boden entrissen,
Scheint gegen die Fluten zu schwimmen. In einer holden Verwirrung
Prangt drauf Hambuttengesträuch voll feuriger Sternchen, der Quitzbaum,

204 Quitzbaum, Eberesche.

Holunder, raucher Wachholder und sich umarmende Palmen. 205
Das Geißblatt schmiegt sich an Zweige der wilden Rosengebüsche:
Aus Wollust küssen einander die jungen Blüten und hauchen
Mit süßem Athem sich an. Der blühende Hagdorn am Ufer
Bückt sich hinüber aus Stolz und sieht verwundernd im Wasser
Den weißen und rötlichen Schmuck. O Schauplatz, der du die 210
Freude
Ins Herzens Innerstes malst, ach! daß die Wärme, die annoch,
Seitdem der Winter von uns entflohn, kein Regen gemildert,
Dich samt Gefilden und Gärten, die nach Erfrischung sich sehnen,
Doch nicht der Zierde beraubte und seiner Hoffnung den Land-
mann!
Erquicke sie, gnädiger Himmel, und überschütte von oben 215
Mit deiner Güte die Erde: ... Er kömmt, er kömmt in den
Wolken,
Der Segen! Dort taumelt er her und wird sich in Strömen ergießen.
Schon streicht der Westwind voran, schwärmt in den Blättern
der Bäume
Und wirbelt die Saaten, wie Strudel. Die Sonn' eilt hinter
den Vorhang
Von baumwollähnlichem Dunst; es stirbt der Schimmer des 220
Himmels
Gemach, und Schatten und Nacht läuft über Thäler und Hügel.
Gekraust durch silberne Zirkel, die, sich vergrößernd, verschwinden,
Verrät die Fläche des Wassers den noch nicht sichtbaren Regen...
Itzt fällt er häufiger nieder, sich wie Gewebe durchkreuzend.
Kaum schützt des Erlenbaums Zelt mich vor den rauschenden 225
Güssen.
Das Volk, das kürzlich aus Wolken die Gegend mit Liedern
erfüllte,
Schweigt und verbirgt sich in Büsche. Im Lindenthal drängt
sich in Kreisen,
Vom Dach der Zweige bedeckt, die Wollenherde um Stämme.
Feld, Luft und Höhen sind öde; nur Schwalben schießen in
Scharen
Im Regen, die Teiche beschauend... Die Augenlider, die jetzo 230
Das Auge des Weltkreises decken, die Dünst', erheben sich plötzlich.

---

216 Vergl. zum Folgenden Klopstocks „Frühlingsfeier". —
221 Gemach, allmählich.

Nun funkelt die Bühne des Himmels, nun sieht man hangende
                              Meere
In hellen Tropfen zerrinnen und aus den Lüften verschwinden.
Es lachen die Gründe voll Blumen, und alles freut sich, ob flöße
225 Der Himmel selber zur Erden.   Jedoch schon schiffen von neuem
Beladne Wolken vom Abend und hemmen wieder das Licht;
Sie schütten Seen herab und säugen die Felder, wie Brüste...
Auch die vergießen sich endlich.   Ein guldner Regen von
                              Strahlen
Füllt itzo wieder die Luft: der grüne Hauptschmuck der Felsen,
240 Voll von den Saaten der Wolken, spielt blendend gegen der
                              Sonne.
Ein Regenbogen umgürtet den Himmel und sieht sich im Meere;
Verjüngt, voll Schimmer und lächelnd, voll lichter Streifen und
                              Kranze
Sehn die Gefilde mich an.   Tauch' in die Farben Aurorens,
Mal' mir die Landschaft, o du! aus dessen ewigen Liedern
245 Der Aare Ufer mir düften und vor dem Angesicht prangen.
Der sich die Pfeiler des Himmels, die Alpen, die er besungen,
Zu Ehrensäulen gemacht. — Wie blitzt die streifichte Wiese
Von demantähnlichen Tropfen! Wie lieblich regnen sie seitwärts
Von farbichten Blumengebüschen und blühenden Kronen der
                              Sträuche!
250 Die Kräuter sind wieder erfrischt und hauchen stärkre Gerüche;
Der ganze Himmel ist Duft.   Getränkte Halmen erheben
Froh ihre Häupter, und scheinen die Huld des Himmels zu
                              preisen.
     Grünt nun, ihr holden Gefilde!   Ihr Wiesen und schattichte
                              Wälder,
Grünt! seid die Freude des Volks; dient meiner Unschuld hinfüro
255 Zum Schirm, wenn Bosheit und Stolz aus Schlössern und
                              Städten mich treiben.
Mir wehe Zephyr aus euch, durch Blumen und Hecken, noch öfter
Ruh und Erquickung ins Herz.   Laßt mich den Vater des
                              Weltbaus,
Der Segen über euch breitet im Strahlenkreise der Sonne,
Im Tau und Regen, noch ferner in eurer Schönheit verehren

239 Das Moos auf den Felsen, vom Regen gefüllt. — 245 Die
Ufer der Aar.   Gemeint ist Haller, dessen Gedicht „Die Alpen" damals
als das Muster der beschreibenden Dichtung galt.

Und melden, voll heiliger Regung, sein Lob antwortenden Sternen. 260
Und wenn, nach seinem Geheiß, mein Ziel des Lebens herannaht,
Dann sei mir endlich in euch die letzte Ruhe verstattet.

3. Irin.

Idylle.

An Herrn Geßner,
den Verfasser der prosaischen Idyllen.

An einem schönen Abend fuhr
Irin mit seinem Sohn im Kahn
Aufs Meer, um Reusen in den Schilf
Zu legen, der ringsum den Strand
5 Von nahen Eilanden umgab.
Die Sonne tauchte sich bereits
Ins Meer, und Flut und Himmel schien
Im Feu'r zu glühen,
                    O wie schön
10 Ist itzt die Gegend! sagt' entzückt
Der Knabe, den Irin gelehrt,
Auf jede Schönheit der Natur
Zu merken. Sieh, sagt' er, den Schwan,
Umringt von seiner frohen Brut,
15 Sich in dem roten Wiederschein
Des Himmels tauchen! Sieh, er schifft,
Zieht rote Furchen in die Flut
Und spannt des Fittichs Segel auf.
Wie lieblich flüstert dort im Hain
20 Der schlanken Espen furchtsam Laub
Am Ufer, und wie reizend fließt
Die Saat in grünen Wellen fort
Und rauscht, vom Winde sanft bewegt.
O! was für Anmut haucht anitzt
25 Gestad' und Meer und Himmel aus!
Wie schön ist alles! und wie froh
Und glücklich macht uns die Natur!
    Ja, sagt Irin, sie macht uns froh
Und glücklich, und du wirst durch sie

30 Glückſelig ſein dein Lebelang,
Wenn du dabei rechtſchaffen biſt,
Wenn wilde Leidenſchaften nicht
Von ſanfter Schönheit das Gefühl
Verhindern.   O Geliebteſter!
35 Ich werde nun in kurzem dich
Verlaſſen und die ſchöne Welt
Und in noch ſchönern Gegenden
Den Lohn der Redlichkeit empfahn.
O! bleib der Tugend immer treu,
40 Und weine mit den Weinenden,
Und gieb von deinem Vorrat gern
Den Armen.   Hilf, ſo viel du kannſt,
Zum Wohl der Welt, ſei arbeitſam!
Erheb zum Herren der Natur,
45 Dem Wind und Meer gehorſam iſt,
Der alles lenkt zum Wohl der Welt,
Den Geiſt!   Wähl' lieber Schand' und Tod,
Eh du in Bosheit willigeſt.
Ehr', Überfluß und Pracht iſt Tand;
50 Ein ruhig Herz iſt unſer Teil.
Durch dieſe Denkungsart, mein Sohn,
Iſt unter lauter Freuden mir
Das Haar verbleichet.   Und wiewohl
Ich achtzigmal bereits den Wald
55 Um unſre Hütte grünen ſah,
So iſt mein langes Leben doch
Gleich einem heitern Frühlingstag
Vergangen unter Freud' und Luſt.
Zwar hab' ich auch manch Ungemach
60 Erlitten.   Als dein Bruder ſtarb,
Da floſſen Thränen mir vom Aug',
Und Sonn' und Himmel ſchien mir ſchwarz.
Oft auch ergriff mich auf dem Meer
Im leichten Kahn der Sturm und warf
65 Mich mit den Wellen in die Luft.
Am Gipfel eines Waſſerbergs
Hing oft mein Kahn hoch in der Luft,
Und donnernd fiel die Flut herab
Und ich mit ihr.   Das Volk des Meers

70 Erschrak, wenn über seinem Haupt
Der Wellen Donner tobt' und fuhr
Tief in den Abgrund, und mich dünkt',
Daß zwischen jeder Welle mir
Ein feuchtes Grab sich öffnete.
75 Der Sturmwind taucht' dabei ins Meer
Die Flügel, schüttelte davon
Noch eine See auf mich herab.
Allein bald legte sich der Zorn
Des Windes, und die Luft ward hell,
80 Und ich erblickt' in stiller Flut
Des Himmels Bild. Der blaue Stör
Mit roten Augen sahe bald
Aus einer Höhl' im Kraut der See
Durch seines Hauses gläsern Dach:
85 Und vieles Volk des weiten Meers
Tanzt' auf der Flut im Sonnenschein!
Und Ruh und Freude kam zurück
In meine Brust. — Itzt wartet schon
Das Grab auf mich. Ich fürcht' es nicht.
90 Der Abend meines Lebens wird
So schön als Tag und Morgen sein.
O Sohn! sei fromm und tugendhaft!
So wirst du glücklich sein wie ich,
So bleibt dir die Natur stets schön.
95   Der Knabe schmiegt' sich an den Arm
Irins, und sprach: Nein, Vater, nein,
Du stirbst noch nicht; der Himmel wird
Dich noch erhalten mir zum Trost.
Und viele Thränen flossen ihm
100 Vom Aug'. — — Indessen hatten sie
Die Reusen ausgelegt. Die Nacht
Stieg aus der See; sie ruderten
Gemach der Heimat wieder zu.
     Irin starb bald. Sein frommer Sohn
105 Beweint' ihn lang, und niemals kam
Ihm dieser Abend aus dem Sinn.
Ein heil'ger Schauer überfiel
Ihn, wann ihm seines Vaters Bild
Vors Antlitz trat. Er folgete

110 Stets deſſen Lehren. Segen kam
Auf ihn. Sein langes Leben dunkt'
Auch ihm ein Frühlingstag zu ſein.

4. Ode
an die Preußiſche Armee.
Im März 1757.

Unüberwundnes Heer, mit dem Tod und Verderben
In Legionen Feinde bringt,
Um das der frohe Sieg die guldnen Flügel ſchwingt,
O Heer, bereit zum Siegen oder Sterben!

5   Sieh! Feinde, deren Laſt die Hügel faſt verſinken,
Den Erdkreis beben macht,
Ziehn gegen dich und drohn mit Qual und ew'ger Nacht;
Das Waſſer fehlt, wo ihre Roſſe trinken.

Der dürre, ſchiele Neid treibt niederträcht'ge Scharen
10   Aus Weſt und Süd heraus,
Und Nordens Höhlen ſpein, ſowie des Oſts, Barbaren
Und Ungeheur, dich zu verſchlingen, aus.

Verdopple deinen Mut! Der Feinde wilde Fluten
Hemmt Friedrich und dein ſtarker Arm;
15   Und die Gerechtigkeit verjagt den tollen Schwarm;
Sie blitzt durch dich auf ihn, und ſeine Rücken bluten.

Die Nachwelt wird auf dich, als auf ein Muſter ſehen,
Die künft'gen Helden ehren dich,
Ziehn dich den Römern vor, dem Cäſar Friederich;
20   Und Böhmens Felſen ſind dir ewige Trophäen.

Nur ſchone, wie bisher, im Lauf von großen Thaten
Den Landmann, der dein Feind nicht iſt;
Hilf ſeiner Not, wenn du von Not entfernet biſt.
Das Rauben überlaß den Feigen und Kroaten.

25   Ich ſeh', ich ſehe ſchon   freut euch, o Preußens Freunde! —
Die Tage deines Ruhms ſich nahn.
In Ungewittern ziehn die Wilden ſtolz heran:
Doch Friedrich winket dir: wo ſind ſie nun, die Feinde?

Du eileſt ihnen nach und druckſt in ſchweren Erzen
30 Den Tod tief ihren Schädeln ein
Und kehrſt voll Ruhm zurück, die Deinen zu erfreun,
Die jauchzend dich empfahn und ihre Retter preiſen.
Auch ich, ich werde noch   vergönn' es mir, o Himmel! —
Einher vor wenig Helden ziehn.
35 Ich ſeh' dich, ſtolzer Feind, den kleinen Haufen fliehn
Und find' Ehr' oder Tod im raſenden Getümmel.

5. Ciſſides und Paches.

Erſter Geſang.

Die beiden Freunde, die voll Edelmut
Sich gegen ein gewaltig Heer Athens
Mit kleiner Macht beherzt verteidigten,
Beſing ich, Muſe, ſei dem Vorſatz hold!
5 Begeiſtre mich! auf daß der ehrne Klang
Des Kriegs aus jedem Ton erſchall', auf daß
Mein Lied der großen That nicht unwert ſei.

Nach Alexanders des Großen Tode erhob ſich Athen gegen die macedoniſche Herrſchaft. Unter ihrem Anführer Leoſthenes warfen ſich die Athener auf eine kleine Feſtung, die von Ciſſides und ſeinem Freunde Paches verteidigt wurde, während Antipater das Hauptheer befehligte. Nach einer feurigen Anſprache des Ciſſides brennen alle Macedonier ſich mit dem weit ſtärkeren Heere der Athener zu meſſen. Ein nächtlicher Ausfall des Paches vernichtet einen großen Teil der Feinde nebſt allen ihren Belagerungsmaſchinen. Um ſo ungeſtümer und racheſchnaubend greift nunmehr Leoſthenes an. Allein der Sturm wurde trotz der Über= macht und großer Tapferkeit blutig zurückgeſchlagen.

Zweiter Geſang.

Leoſthenes ſah, daß die Burg mit Sturm
Schwer zu erobern war; er gab demnach
Befehl, ſie in den Brand zu ſtecken. Schnell

5 Das Gedicht Ciſſides und Paches iſt eine Verherrlichung der Vaterlandsliebe und zugleich der Freundſchaft an einem antiken Stoffe mit direkter Beziehung auf die Begeiſterung für Friedrich den Großen. Es iſt von Leſſing im 40. Litteraturbriefe gewürdigt.

Warf der Ballist, statt Steinen, eine Saat
5 Von Klumpen griech'schen Feu'rs. — Wie, wenn Vesuv
Sein brennend Eingeweid hoch durch die Luft
Umher speit, mit erschredlichem Geräusch
Der Feuerregen in ein Feuermeer
Im Thal zusammenfließt und weit das Feld
10 Mit laufenden und roten Wellen dedt,
Daß sich das Wasser in den Seen scheut
Und vor dem Lande flieht, daß Feld und Meer
Erschrickt und jammert: So floß in der Burg
Der Feuerregen in ein Feuermeer
15 Zusammen; Tod und Schrecken schwamm darauf.

   Bald donnert in des Schlosses Innerem
Die Flamme, wie im Bauch der Höll', und fuhr
Zu allen Fenstern und zum Dach heraus
In Strudeln. Und der ganze Bau ward Glut,
20 Fiel ineinander, wie ein Fels, vom Blitz
Gespalten, fällt. Die Erde zitterte;
Des Himmels weiter Raum erscholl umher.
Zu löschen war umsonst. Auch drang der Feind
Stets wütender heran und dacht' einmal
25 Den macedon'schen Mut zu schwächen. Doch
Er schwächt ihn nicht, und Elisides blieb stets
Derselbe: Paches auch. Sie breiteten
Nacht übers Volk Athens, mit Pfeilen, aus,
Ermunterten ihr Heer, und wo Gefahr
30 Groß war, da waren sie. Begegneten
Sie sich, so sahen sie vergnügt sich an.
Schwieg gleich der Mund, so sprach ihr Auge viel
Und sagt': Unsterblichkeit ist unser Teil!
Doch auch die Freundschaft sah zum Blick heraus,
35 Und es blieb ungewiß, ob Heldenmut
Die Freunde mehr beherrscht' als Zärtlichkeit.
Sie drückten sich die Hand und eilten dann,
Wohin sie Ehre trieb, und wo der Tod

5 Le feu grégeois, ce feu inextinguible, dont le Secret s'est
perdu depuis bien des siecles, etoit composé de souffre, de bitume,
de gomme, de poix et de resine, qui brulait jusques dans l'eau. On
le nomme grégeois du nom de Grees, qui s'en sent servi les premiers.
Ray de St. Genie, Art de la guerre pratique. T. I. p. 97.

In Feu'r und Stein und Pfeilen ſauſete,
40 Gleich unerſchroden blieb ihr kleines Heer.
Sah jemand ſeinen Freund getötet, floß
Vom trüben Aug' ihm eine Thränenflut,
Doch ſchickt' er Pfeil auf Pfeil dem Feinde zu.
Zuletzt befiel den von dem Streit, vom Brand
45 Und Rot an Ruh erhitzten Eiſſides
Ein heft'ger Durſt. Er kämpfte lange ſchon
Mit Angſt und Ohnmacht, weil Getränk gebrach.
(Des Schloſſes Brunnen war verſchüttet von
Ruinen.) Ach! ich ſterbe! ſagt' er ſchwach
50 Zum Pachos; ſchon ſeh ich den Himmel ſchwarz;
Durſt iſt mein Tod, und nicht Leoſthenes.
Sein Freund erblaßte mehr vor Angſt als er,
Und eilte fort und ſchöpft' in ſeinem Helm
Von eben nur Erſchlagnen Blut und bracht's
55 Dem Eiſſides und ſagte: Trink! Er trank
Und ſeufzte ſchaudernd: Ach! ihr Götter! ach!
Wozu bringt ihr die ſchwachen Sterblichen!
Allein er ward erquickt, und Heiterkeit
Kam ihm ins Antlitz. Nach dem Tau der Nacht
60 Erheben Blumen ſo, die ſchon die Au
Beſäen wollten mit der Blätter Schmuck,
Gedrückt vom Sonnenſtrahl des vor'gen Tags,
Voll Pracht ihr hangend Haupt und glänzen wie
Der helle Morgenſtern, der auf ſie ſieht.
65 Er ward erquickt, der tapfre Eiſſides,
Und eilte zu der Mau'r, wo alles noch
Mit Löwenmute ſtritt, obgleich die Zahl
Der Toten ſeines Volks ſchon größer war
Als der noch Lebenden. Er kam nicht hin!
70 Ein Pfeil flog über die zerfallne Burg
Und fuhr dem Helden — ach! erſchreckliche
Erinn'rung: Müſſen auch des Todes Raub
Dieſen'gen ſein, die zu der Erde Glück
Zu leben ewiglich verdieneten! —
75 Fuhr in den Rücken ihm und durch die Bruſt.
Er fiel aufs Angeſicht. Gefühllos lag

---

54 Vgl. denſelben Zug im Nibelungenliede.

Er lange so   erholte sich dennoch
Und wollte sich erheben, aber Kraft
Gebrach ihm. — Paches kam und fand den Freund
Im Blute schwimmend. Ach! wer kann den Schmerz
Des Reblichen beschreiben! Ohne sich
Zu regen, stand er... So erstarrt die Flut
Im Winter, wenn der rauhe Nordwind stürmt;
Sein Atem rührt sie an, und sie ist Stein.
Ach! sagte Cissides, zieh doch den Pfeil
Mir aus dem Rücken, Freund, und lehr mich um!
Der Tod fürs Vaterland wird mir nicht schwer;
Die Art des Todes nur wird mir's. Wer so
Mich findet, kann vermuten, als hätt' ich
Die Brust dem Feinde nicht gezeigt. Laß nicht
Mit Schande mich mein Leben endigen,
Da stets mein Wunsch nur Ehr' und Tugend war!
Und Paches zog den Pfeil zur Wund' heraus,
(Blut stürzt dem Eisen nach), wie Wasser aus
Der Quell') umarmet' und erhub den Freund
Mit Thränen in dem Aug' und kehrt' ihn um.
Hab' Dank! — Leb' ewig wohl! — sprach Cissides,
Freund! — und verschied. Von tausend Sterbenden
Die Qual zusammen ist kein Teil der Qual,
Die Paches fühlt'. Er glaubt', nur halb zu sein,
Wehklagte laut und irrte wild umher,
Wie eine Löwin in der Wüste, wenn
Man ihr die Jungen raubt. Das Heer erschrak
Und klagte mit. Der Feind erfuhr den Schmerz
Desselben durch Ballist und Katapult.
Von Neuerschlagnen raucht' umher das Feld,
Blut und Gehirn und Leichen deckten es.

Dritter Gesang.

Leosthenes sandte jetzt einen Herold, der die Macedonier zur Über-
gabe der Festung auffordern sollte. Paches aber wies ihn zurück.

Der Herold brachte dem Leosthenes
Die Antwort kaum, als alles um die Burg
Zum Angriff sich bereitete. Wenn Sturm
Aus Aeols Höhle fällt, wie Wasser aus
Der Schleus' und drückt den Wald, dann neigen sich

Die starken Wipfel zu der Erd' herab;
Tumult herrscht überall, und jeder Zweig
115 Vermehret das Geräusch; der Klüfte Schlund
Brüllt dumpfig; rauher Lärm erfüllet weit
Des Himmels Raum, drin Wolke Wolke jagt:
So auch erwacht im ganzen Heer Athens
Schnell Aufruhr. Turm, Ballist und Katapult
120 Und Hebel, Bohr und alles regte sich
Und nahte sich dem Schloß in wildem Lärm.
Zwar Paches ließ an tapfrer Gegenwehr
Nichts mangeln. Pfeil und Steine schlugen den
Erhitzten Feind, wie Schloßen schwaches Korn,
125 Danieder. Tiger sind so wütend nicht,
Wenn man zum Zorn sie reizet, wie sein Heer
Itzt war. Doch die Besatzung war zu schwach,
Und allgemein der Sturm. Mißlang es hier
Dem Feinde, so erstieg er dort die Maur.
130 Das Schloß ward überschwemmt und ward ein Raub
Des Todes. So verschlingt die Flut des Meers
Das Ufer nach der Ebb' und was sich ihm
Genaht. Wo Blumen itzt stolzierten, tobt
In Wasserwogen das Verderben itzt. . .
135 Auch Paches ward des Todes Raub, wie sein
Furchtloses Heer. Leosthenes fand ihn
Durchbohrt und hingestreckt und kannt' ihn an
Der Rüstung. Lange sah mitleidig er,
Nebst seinem Volk, das auf die Spieße sich
140 Umher gelehnt, den toten Helden an,
Und eine Thräne floß ihm von dem Aug'.
Er sah noch Edelmut in Zügen des
Erblaßten Angesichts. . . Drauf wünscht er, auch
Den Cissides zu sehn, doch lang umsonst.
145 Zuletzt erblickt er einen Teppich auf
Der Erd', erhub ihn und erschrak, als sich
Ein Macedonier aufrichtete,
Der mit dem Cissides darunter lag.
„Was liegst du bei den Toten?" fragt man ihn.
150 „Er war mein Herr", erwidert er; „doch mehr
Mein Vater. Ich war, als er lebt', ihm treu;
Sollt' ich vergessen, es anitzt zu sein?

Ihr habt ihn mir geraubt, raubt mir nur auch
Das Leben, meine Last!"... Ein Thränenguß
Nezt' ihm das Angesicht. Leosthenes
Raubt ihm das Leben nicht, dem redlichen
Schildträger, sondern pries die seltne Treu
Und tröstete den immer jammernden
Und schenkt ihm viel, betrachtete nachher
Samt dem gerührten Volk den Eisides
Und glaubte die entwichne Seele noch
In großen Zügen des Gesichts zu sehn,
Beweint' ihn, ließ die Asche beider Freund'
In einer Urn' bewahren, ihnen auch
Ein prächtig Denkmal baun und zog sich drauf
Schnell nach Athen zurück. Sein Heer war so
Geschwächt, daß er vergaß, in einer Schlacht
Antipatern zu überwältigen.

        Und so ward durch der beiden Freunde Mut
Des Vaterlands Verderben abgewandt.

* * *

    Ihr Krieger! die ihr meiner Helden Grab
In später Zeit noch seht, streut Rosen drauf
Und pflanzt von Lorbeern einen Wald umher!
Der Tod furs Vaterland ist ewiger
Verehrung wert... Wie gern stürb' ich ihn auch,
Den edlen Tod, wenn mein Verhängnis ruft!
Ich, der ich dieses sang im Lärm des Kriegs,
Als Rauber aller Welt mein Vaterland
Mit Feur und Schwert in eine Wüstenei
Verwandelten: als Friedrich selbst die Fahn
Mit tapfrer Hand ergriff und Blitz und Tod
Mit ihr in Feinde trug und achtete
Der teuren Tage nicht für Volk und Land,
Das in der finstern Nacht des Elends seufzt.
Doch es verzagt nicht drin, das treue Land,
Sein Friedrich lächelt, und der Tag bricht an.
Der Tag bricht an! Schon zoge Schwab' und Russ',
Lapplander und Franzos, Illyrier
Und Pfälzer in possierlichem Gemisch

⁵⁰ Den Helden im Triumph, verstattet' es
Desselben Großmut. Schon fliegt himmelan
Die Ehr' in blitzendem Gewand und nennt
Ein Sternenbild nach seinem Namen! Ruh
Und Überfluß beglücken bald sein Reich!

6. Die Freundschaft.

An Herrn Gleim.

Leander und Selin, zween Freunde, die
Verstand und Edelmut und gleicher Trieb
Zur Tugend fest verband, vertrauten sich
Einst in Geschäften dem treulosen Meer.
⁵ Die Winde wehten erst der Gegend zu,
Die schon die Reisenden im Geiste sahn;
Das Ufer floh, und bald erblickten sie
Ringsum nur Luft und See. Das Firmament
War heiter und voll Glanz. Sie segelten
¹⁰ In seinem Widerschein geruhig fort
Und nahten sich bereits der Reise Ziel,
Als schnell die Wellen sich empöreten.
Ein reißender Orkan erwacht' und schlug
Das Schiff von seiner Bahn. Es scheiterte
¹⁵ Am Felsen. Jeder sucht den Tod zu finden;
Das kleinste Stück vom Schiff wird itzt sein Schiff
Den beiden Freunden ward ein Brett zu teil;
Allein es war zu leicht für seine Last.
Wir sinken! sprach Selin; das Brett erträgt
²⁰ Uns beide nicht! O Freund, leb' ewig wohl!
Du mußt erhalten sein, an dir verliert
Das Wohl der Welt zu viel, und ohne dich
Wär' mir das Leben doch nur eine Qual.
Nein, sprach Leander, nein, ich sterb', o Freund! —
²⁵ Allein Selin verließ zu schnell das Brett
Und übergab getrost dem nassen Grab
Der Wasserwogen sich. Die Vorsehung.

5, 20 Schon hätte Friedrich einen Triumphzug nach der Art der
Römer veranstalten können.

7

Die über alles wacht, sah seine Treu
Und seine Großmut an und ließ das Meer
Ihm nicht zum Grabe sein. Mitleidig trug's
Auf seinen Wellen ihn zum Ufer hin.
Er fand Leandern schon daselbst. O wer
Beschreibt die Regungen der Freude, die
Sie beide fühlten! Sie umarmten sich
Mit Zähren in dem Aug'. Leander sprach:
O allzutreuer Freund, in was für Qual
Hat deine Freundschaft mich gestürzt! ich hab'
Um dich des Todes Angst zehnfach gefühlt.
Was du thatst, wollt' ich thun; denn ohne dich
Wünscht' ich das Leben nicht. — Geliebtester,
Was wär' ich ohne dich? versetzt Selin.
Der Himmel sei gelobt, der dich mir schenkt!
Komm laß uns ihn, der uns vom Tod befreit,
Verehren und ihm ganz das Leben weihn.
Sie knieten weinend an das Ufer hin
Und dankten dem, der sie errettete,
Und ihre Regung drang die Wolken durch. —
Leander teilte mit Selin, der arm
An Gütern und nur reich an Tugend war,
All' seine Schätze, die Selin nur nahm,
Weil sich sein Freund dadurch glückselig pries.
Und Segen kam auf sie und auf ihr Haus;
Und lange waren sie das Wohl der Welt.

VIII.
Johann Wilhelm Ludwig Gleim.

geb. 2. April 1719 in Ermsleben bei Halberstadt, studierte seit 1738 in Halle die Rechte und schloß innige Freundschaft mit Johann Peter Uz, mit dem er sich unter dem Einflusse Hagedorns für die anakreontische Dichtung begeisterte. Später trat ihm Ewald von Kleist am nächsten, mit dem ihn die Begeisterung für Friedrich den Großen und der die Zeit beherrschende Freundschafts- u. d. Naturkultus verband. Während des zweiten schlesischen Kriegs war er Sekretär eines preußischen Prinzen und lernte so das Kriegsleben aus eigener Anschauung kennen. 1747 wurde er Domsekretär (Kanonikus) in Halberstadt und ist als solcher 1803 gestorben.

Die Verehrung für Friedrich den Großen und warme Begeisterung für sein Vaterland hat er bis an sein Ende bewahrt, und den „Kriegs-

liedern eines preußischen Grenadiers", die Lessing mit einem
rühmenden Begleitworte einführte, hat er immer neue zugefügt, bis zu
Friedrichs Tode. Auch er hat, dem Geschmacke der Zeit folgend, Fabeln
und Erzählungen gedichtet, von denen wenigstens eine „die Milch=
frau", noch heute allgemein bekannt ist. Ist auch der poetische Wert
seiner Dichtungen nicht bedeutend, so sind sie doch ein beredtes Zeugnis
für die wiedererwachenden nationalen Interessen und überhaupt für die
neuerstehenden Ideale, die in die neue Glanzzeit der deutschen Litteratur
hinüberführten.

1. Auf Kleist's Grabe.

In Nacht und Schauer sitz' ich hier
Auf deinem Grab, o Kleist!
Gebeine, heilig unter mir,
Wohin entfloh der Geist?

5   Hinauf zu Gott entfloh er euch,
O, du mein liebes Grab,
Hoch über dir, im Geisterreich,
Schwebt er und sieht herab.

Wenn mir im Traum mein Kleist erscheint,
10   Dann hab' ich himmlisch Glück;
Hier seh' er seinen alten Freund
Mit einem halben Blick.

Welch' eine Seele, welch' ein Herz,
Zum Guten welch' ein Hang!
15   Er liebte Liebe, Wahrheit, Scherz
Und Waffen und Gesang.

Dacht' er an Gott, so dacht' er groß,
Er dachte nimmer klein,
Und dann wollt' er von Erde los
20   Und nur Gedanke sein!

Mit dem Gedanken, Gott, an dich
Stritt er, ein Patriot,
Für Vaterland, für Friederich,
Und ging in seinen Tod.

25 Und ging zu Gott! Du finstres Grab,
    Mit seinem halben Blick
    Sieht er auf dich und mich herab,
    Zu hoch in seinem Glück!

    Still, meine Klage! Herz, sei still,
30 Der Held, von dir beweint,
    Der habe besser, was er will,
    Nur keinen bessern Freund.

2. Der Wanderer.

    Vaterland, auf deiner Erde
    Athm' ich leichter! Wenn ich sie
    Wieder einst betreten werde,
    Vaterland, dann küss' ich sie!

5   Herz, beklommnes, hochbetrübtes,
    Schwimm in Thränen! Strafe mich,
    Vaterland, o du geliebtes,
    Ach, warum verließ ich dich!

    Schöner grün sind deine Felder,
10 Deine Berge schöner blau,
    Schöner dunkel deine Wälder,
    Schöner perlenhell dein Tau!

    Deine Kirchenglocken tragen
    Weiter ihren Silberklang;
15 Deine Nachtigallen schlagen
    Stärker ihren Nachtgesang!

    Süßer labt dein Bach den Matten,
    Der an ihm sich niederließ;
    Und in deinem kühlen Schatten
20 Schläft sich's, ach so süß, so süß!

3. Preußische Kriegslieder.

Von einem Grenadier.

Vorwort Lessings zur ersten gesammelten Ausgabe.

Die Welt kennt bereits einen Teil von diesen Liedern; und die feinern Leser haben so viel Geschmack daran gefunden, daß ihnen eine vollständige und verbesserte Sammlung derselben ein angenehmes Geschenk sein muß.

Der Verfasser ist ein gemeiner Soldat, dem eben so viel Heldenmut als poetisches Genie zu teil geworden. Mehr aber unter den Waffen, als in der Schule erzogen, scheinet er sich eher eine eigene Gattung von Ode gemacht, als in dem Geiste irgend einer schon bekannten gedichtet zu haben.

Wenigstens, wenn er sich ein deutscher Horaz zu werden wünschet, kann er nur den Ruhm des Römers, als ein lyrischer Dichter überhaupt, im Sinne gehabt haben. Denn die charakte=ristischen Schönheiten des Horaz setzen den feinsten Hofmann voraus; und wie weit ist dieser von einem ungekünstelten Krieger unterschieden!

Auch mit dem Pindar hat er weiter nichts gemein, als das anhaltende Feuer, und die Υπερβατα der Wortfügung.

Von dem einzigen Tyrtäus könnte er die heroischen Ge=sinnungen, den Geiz nach Gefahren, den Stolz für das Vater=land zu sterben, erlernt haben, wenn sie einem Preußen nicht eben so natürlich wären, als einem Spartaner.

Und dieser Heroismus ist die ganze Begeisterung unsers Dichters. Es ist aber eine sehr gehorsame Begeisterung, die sich nicht durch wilde Sprünge und Ausschweifungen zeigt, sondern die wahre Ordnung der Begebenheiten zu der Ordnung ihrer Empfindungen und Bilder macht.

Alle seine Bilder sind erhaben, und alle sein Erhabnes ist naiv. Von dem poetischen Pompe weiß er nichts; und prahlen und schimmern scheint er weder als Dichter noch als Soldat zu wollen.

---

3 Diese Ausgabe enthielt nur Lieder aus den Jahren 1756 und 1757. Im Folgenden sind einige aus viel späterer Zeit, die aber Gleim als Fortsetzung der ersten Sammlung betrachtete, hinzugefügt. Lessing geht im Folgenden auf Gleims Fiktion „Von einem Grenadier" launig ein. — 30 Was läßt sich gegen diese Behauptung Lessings sagen?

Sein Flug aber hält nie einerlei Höhe. Eben der Adler, der vor in die Sonne sah, läßt sich nun tief herab, auf der Erde sein Futter zu suchen; und das ohne Beschädigung seiner Würde. Antäus, um neue Kräfte zu sammeln, mußte mit dem
5 Fuße den Boden berühren können.

Sein Ton überhaupt ist ernsthaft. Nur da blieb er nicht ernsthaft — wo es niemand bleiben kann. Denn was erweckt das Lachen unfehlbarer, als große mächtige Anstalten mit einer kleinen, kleinen Wirkung? Ich rede von den drolligten Gemäl-
10 den des Roßbachischen Liedes.

Seine Sprache ist älter als die Sprache der jetztlebenden größeren Welt und ihrer Schriftsteller. Denn der Landmann, der Bürger, der Soldat und alle die niedrigern Stände, die wir das Volk nennen, bleiben in den Feinheiten der Rede
15 immer, wenigstens ein halbes Jahrhundert, zurück.

Auch seine Art zu reimen und jede Zeile mit einer männlichen Silbe zu schließen, ist alt. In seinen Liedern aber erhält sie noch den Vorzug, daß man in dem durchgängig männlichen Reime etwas dem kurzen Absetzen der kriegerischen Trommete
20 Ähnliches zu hören glaubet.

Nach diesen Eigenschaften also, wenn ich unsern Grenadier ja mit Dichtern aus dem Altertume vergleichen sollte, so müßten es unsere Barden sein.

Karl der Große hatte ihre Lieder, so viel es damals
25 noch möglich war, gesammelt, und sie waren die unschätzbarste Zierde seines Büchersaals. Aber woran dachte dieser große Beförderer der Gelehrsamkeit, als er alle seine Bücher, und also auch diese Lieder, nach seinem Tode an den Meistbietenden zu verkaufen befahl? Konnte ein römischer Kaiser der Armut kein
30 ander Vermächtnis hinterlassen?*) — O wenn sie noch vorhanden wären!

---

*) Eginhartus in vita Caroli M. cap. 33. Similiter & de libris — statuit, ut ab his, qui eos habere vellent, justo pretio redimerentur, pretiumque in pauperes erogaretur.

2 vor — vorher. — 21 Barden waren eine Sängerkaste bei den celtischen Völkern. Klopstock und seine Zeit sahen in ihnen aber, gestützt auf das in Tacitus Germania vorkommende Wort barditus (Chorgesang) eine allgemeine altgermanische Einrichtung, einen Stand von Dichtern der Götter- und Heldenlieder, wie er S. 105, 1 ff. näher beschrieben wird. Die Übertragung des Begriffs sogar auf die mittelhochdeutschen Dichter (unten 105, 18 ff.) zeigt, wie unklar die Vorstellungen von alt-

Über die Gesänge der nordischern Skalden scheinet ein
gunstiger Geschick gemacht zu haben. Doch die Skalden waren
die Brüder der Barden; und was von jenen wahr ist, muß
auch von diesen gelten. Beide folgten ihren Herzogen und
Königen in den Krieg und waren Augenzeugen von den Thaten
ihres Volks. Selbst aus der Schlacht blieben sie nicht; die
tapfersten und ältesten Krieger schlossen einen Kreis um sie und
waren verbunden, sie überall hinzubegleiten, wo sie den wür=
digsten Stoff ihrer künftigen Lieder vermuteten. Sie waren
Dichter und Geschichtschreiber zugleich; wahre Dichter, feurige
Geschichtschreiber. Welcher Held von ihnen bemerkt zu werden
das Glück hatte, dessen Name war unsterblich; so unsterblich, als
die Schande des Feindes, den sie fliehen sahen.

Hat man sich nun in den kostbaren Überbleibseln dieser
uralten nordischen Heldendichter, wie sie uns einige dänische Ge=
lehrte aufbehalten haben, umgesehen und sich mit ihrem Geiste
und ihren Absichten bekannt gemacht; hat man zugleich das jüngere
Geschlecht von Barden aus dem schwäbischen Zeitalter seiner
Aufmerksamkeit wert geschätzt und ihre naive Sprache, ihre
ursprünglich deutsche Denkungsart studiert: so ist man einigermaßen
fähig, über unsern neuen preußischen Barden zu urteilen. Andere
Beurteiler, besonders wenn sie von derjenigen Klasse sind, welchen
die französische Poesie alles in allem ist, wollte ich wohl für ihn
verbeten haben.

Noch besitze ich ein ganz kleines Lied von ihm, welches
in der Sammlung keinen Platz finden konnte; ich werde wohl
thun, wenn ich diesen kurzen Vorbericht damit bereichere.
Er schrieb mir aus dem Lager vor Prag: „Die Panduren
lägen nahe an den Werken der Stadt, in den Höhlen der
Weinberge; als er einen gesehen, habe er nach ihm hingesungen:"

Was liegst du, nackender Pandur!
Recht wie ein Hund im Loch?
Und weisest deine Zähne nur?
Und bellst? So beiße doch!

Es könnte ein Herausforderungslied zum Zweikampf mit einem
Panduren heißen.

deutscher Litteratur waren. — Skalden ist die altnordische Bezeich=
nung für Sänger. — 21 Bodmer hatte (s. o. S. 21) zuerst wieder das
Interesse auf die mhd. Dichter gelenkt.

Ich hoffe übrigens, daß er noch nicht das letzte Siegeslied soll gesungen haben. Zwar falle er bald oder spät: seine Aufschrift ist fertig:

Εἷπε δ' ἐγώ Ἰγνατίον μετ' Ἐνκαλλίοιο ἄνακτος
Καὶ Μοῦσαν ἵκανον δώρον Ἐπιστάμενος.

Goethe urteilt in 'Dichtung und Wahrheit' (B. VII): Die Kriegslieder, von Gleim angestimmt, behaupten deswegen einen so hohen Rang unter den deutschen Gedichten, weil sie mit und in der That entsprungen sind, und noch überdies, weil an ihnen die glückliche Form, als hätte sie ein Mitstreitender in den höchsten Augenblicken hervorgebracht, uns die vollkommenste Wirksamkeit empfinden läßt.

Bei Eröffnung des Feldzuges
1756.

Krieg ist mein Lied! Weil alle Welt
Krieg will, so sei es Krieg!
Berlin sei Sparta! Preußens Held
Gekrönt mit Ruhm und Sieg!

Gern will ich seine Thaten thun,
Die Leier in der Hand,
Wenn meine blut'gen Waffen ruhn
Und hangen an der Wand.

Auch stimm' ich hohen Schlachtgesang
Mit seinen Helden an,
Bei Pauken und Trompeten Klang,
Im Lärm von Roß und Mann:

Und streit', ein tapfrer Grenadier,
Von Friedrichs Mut erfüllt!
Was acht ich des, wenn über mir
Kanonendonner brüllt?

Ein Held fall' ich; noch sterbend droht
Mein Säbel in der Hand!
Unsterblich macht der Helden Tod,
Der Tod fürs Vaterland!

3, 5 Aristarch fragm.

Auch kömmt man aus der Welt davon,
    Geschwinder wie der Blitz;
Und wer ihn stirbt, bekömmt zum Lohn
    Im Himmel hohen Sitz!
25 Wenn aber ich, als solch ein Held,
    Dir, Mars, nicht sterben soll,
Nicht glänzen soll im Sternenzelt:
    So leb' ich dem Apoll!
So werd' aus Friedrichs Grenadier,
30   Dem Schutz, der Ruhm des Staats:
So lern' er deutscher Sprache Zier
    Und werde sein Horaz.
Dann singe Gott und Friederich,
    Nichts Kleiners, stolzes Lied!
35 Dem Adler gleich erhebe dich,
    Der in die Sonne sieht!
— — mares animos in Martia bella
Versibus exacuo — —

Siegeslied
nach der Schlacht bei Prag den 6. Mai 1757.

Viktoria! mit uns ist Gott,
    Der stolze Feind liegt da!
Er liegt, gerecht ist unser Gott,
    Er liegt, Viktoria!
5 Zwar unser Vater ist nicht mehr,
    Jedoch er starb ein Held,
Und sieht nun unser Siegesheer,
    Vom hohen Sternenzelt.
Er ging voran, der edle Greis!
10   Voll Gott und Vaterland.
Sein alter Kopf war kaum so weiß,
    Als tapfer seine Hand.

29 Der Grenadier, der jetzt der Schutz des Staats ist, wird dann sein Ruhm.
10 Klopstockische Ausdrucksweise: Von Gottvertrauen und Vaterlandsliebe erfüllt.

Mit jugendlicher Heldenkraft
  Ergriff sie eine Fahn,
15 Hielt sie empor an ihrem Schaft,
  Daß wir sie alle sahn;

Und sagte: „Kinder, Berg hinan,
  Auf Schanzen und Geschütz!"
Wir folgten alle, Mann vor Mann,
20 Geschwinder wie der Blitz.

Ach! aber unser Vater fiel,
  Die Fahne sank auf ihn.
Ha! welch glorreiches Lebensziel,
  Glückseliger Schwerin!

25 Dein Friederich hat dich beweint,
  Indem er uns gebot:
Wir aber stürzten in den Feind,
  Zu rächen deinen Tod.

Du, Heinrich, warest ein Soldat,
30   Du fochtest königlich!
Wir sahen alle, That vor That,
  Du junger Löw', auf dich!

Der Pommer und der Märker stritt
  Mit rechtem Christenmut.
35 Rot ward sein Schwert, auf jeden Schritt
  Floß dick Pandurenblut.

Aus sieben Schanzen jagten wir
  Die Mützen von dem Bär.
Da, Friedrich, ging dein Grenadier
40   Auf Leichen hoch einher,

Dacht' in dem mörderischen Kampf
  Gott, Vaterland, und Dich,
Sah, tief in schwarzem Rauch und Dampf,
  Dich, seinen Friederich

45 Und zitterte, ward feuerrot
  Im kriegrischen Gesicht,

---

29 Prinz Heinrich, Bruder des Königs.   38 Die Bärenmützen
Österreicher. — 41 ebenfalls Klopstock nachgebildet.

(Er zitterte vor Deinem Tod,
    Vor seinem aber nicht.)
Verachtete die Kugelsaat,
50   Der Stücke Donnerton,
Stritt wütender, that Heldenthat,
    Bis Deine Feinde flohn.

Nun dankt Er Gott für seine Macht
    Und singt: Viktoria!
55 Und alles Blut aus dieser Schlacht
    Fließt nach Theresia.

Und weigert sie auf diesen Tag,
    Den Frieden vorzuziehn:
So stürme, Friedrich, erst ihr Prag,
60 Und dann führ' uns nach Wien.

Siegeslied

nach der Schlacht bei Roßbach am 5. November 1757.

Erschalle, hohes Siegeslied,
    Erschalle weit umher!
Daß dich der Feind, wohin er flieht,
    Vernehme hinterher.

5 Den, welcher unsern Untergang
    In bösem Herzen trug,
Den schlage, mutiger Gesang,
    Wie Friederich ihn schlug!

So wie ein junger Löwe liegt
10   Und lau'rt auf seinen Feind,
Der stolz ist, in Gedanken siegt,
    Ihn leicht zu zwingen meint:

So, tapfre Brüder! lagen wir,
    Wir kleiner Hauf im Thal.
15 Der Abend kam, da schliefen wir
    Nach langem Marsch einmal!

--- --- ---

56 fließt Theresia nach, als ihrer Urheberin.

Vom Pulverdonner eingewiegt
Und von der Waffen Last
Ermüdet, schliefen wir vergnügt
Und hatten gute Rast.

Nur Friedrich, welcher immer wacht,
Nur unser Held durchritt,
Voll Anstalt zu der nahen Schlacht,
Die Felder, Schritt vor Schritt.

Vom sternenvollen Himmel sahn
Schwerin und Winterfeld,
Bewundernd den gemachten Plan,
Gedankenvoll den Held!

Gott aber wog bei Sternenklang
Der beiden Heere Krieg,
Er wog, und Preußens Schale sank,
Und Östreichs Schale stieg.

Der große Morgen brach hervor
Und brachte großen Tag,
Den Morgengruß in unser Ohr
Trug mancher Donnerschlag.

Wir aber hörten kaum darauf,
Wir dachten keinen Tod;
Wir stunden ausgeruhet auf
Und kochten Morgenbrot.

Die Feinde kommen, sagte man,
Wir aber blieben still,
Wir sahn sie kommen, nah daran,
Wir aber blieben still!

Denn Friedrich war noch nicht zu sehn,
Bis Moritz sagte, Marsch!
Von allen war Er nur zu sehn,
Und alle sagten, Marsch!

Aus unser aller Augen stieg
Ein rechter Freudenstrahl.

23 s. oben S. 107, 10.   32 Bild aus dem Homer Il. VIII. —
16 Moritz von Dessau, Sohn Leopolds.

Wir wurden alle lauter Sieg
Und lachten ihrer Zahl.

Wir liefen alle, Mann bei Mann,
Ein jeglicher ein Held!
55   Als wollten wir, Berg ab Berg an,
Durchlaufen alle Welt.

Was meinte da der dumme Feind?
Er meint', es wäre Flucht;
Spricht sich einander, was er meint:
60   Schwillt auf von Siegesjucht;

Zieht einen großen halben Mond
Um unſre Flucht herum,
Ruft laut: der Hunde nicht geschont!
Wie dumm war er, wie dumm!

65 Wir liefen auf der Siegesbahn,
Die Friedrich in der Nacht
Geritten war, und nach dem Plan,
Den Er allein gemacht.

Es war ein rechter Wettelauf,
70   Schnell aber hörten wir:
Halt! richtet euch! marſchieret auf!
Steht! Plötzlich ſtunden wir.

Mit einem Blick konnt' uns der Feind
Querüber überſehn.
75 Verſpottend ſah er uns vereint,
Uns kleinen Haufen, ſtehn.

Da dacht' ein witziger Franzos:
Unrühmlich ſei die Schlacht,
Sein Ludewig ſei viel zu groß,
80   Zu wenig Friedrichs Macht.

Als aber Keith drauf vor uns her,
Der Britte, Feuer! rief,
Und Feuer war; o da war er
Der erſte, welcher lief.

---

59 ſpricht die Meinung herum. — 82 Die Familie Keith ſtammte
aus Schottland.

Was dacht' er doch in seinem Lauf?
Er dacht', erstarrt und stumm,
Der Hölle Rachen thut sich auf,
Lief fort, sah sich nicht um.

Welch einen Sieg, o Friederich,
Gab Gott uns bald und Du!
Acht Haufen stritten nur für Dich,
Die andern sahen zu.

Sie stritten angefeu'rt von Dir
Und Heinrichs Heldenmut.
Er blutete, wir sahn es, wir,
Und rächeten sein Blut.

Ha, welcher Donner! welcher Kampf!
Wir speiten Flamm' und Tod;
Wir wandelten in Rauch und Dampf,
Schwarz wie der Höllen Gott.

Mit seinem Häufchen Reuterei
Hieb Seydlitz mörderlich;
Welch ein Gemetzel, welch Geschrei:
Wer kann, der rette sich!

Franzose, nicht an Mann und Pferd,
An Heldenmut gebricht's!
Was hilft dir nun dein langes Schwert
Und großer Stiefel? Nichts!

Dich jagt der schwärmende Husar
Mit einem wilden Blick.
Nur drohend bracht' er eine Schar
Gefangener zurück.

O welch ein Schlachtfeld, welche Flucht!
Wo blieb der große Mond?
Wo rufen sie voll Siegessucht:
Der Hunde nicht verschont!

Willkommen war die dunkle Nacht
Dem Reuter und dem Roß,

114 Die halbmondförmige Schlachtordnung s. o. B. 61.

Das langsam anfing seine Schlacht,
Geschwinde sie beschloß:
120 Und allem Volke, das vom Neid
Hineingezwungen war,
Aus allen Landen weit und breit,
Am zehnten Januar.

Flieh, riefen tausend, Bruder, flieh!
125 Sie kommen, sie sind da!
Auf ihren Bäuchen lagen sie
Und baten Leben. Ha!

Wir gaben es. Der Menschenfreund,
Der große Friederich,
130 Demütigt seinen stolzen Feind,
Und dann erbarmt er sich.

Er siegt! — — Fürtrefflicher Gesang,
Wir haben noch zu thun,
Halt ein und werde künftig lang,
135 Wenn wir von Arbeit ruhn:

Wenn Friedrich, oder Gott durch ihn,
Das große Werk vollbracht,
Gebändigt hat das stolze Wien
Und Deutschland frei gemacht:

140 Wenn er im Schoß des Friedens ruht,
Mit Lorbeern-vollem Haupt,
Nicht müßig, täglich Wunder thut
Und keine Wunder glaubt,

Nachtwachend seiner Völker Glück
145 Und Wohlfahrt überlegt
Und Gnad und Huld im scharfen Blick
Der großen Augen trägt,

Zu Potsdam große Weisen liest,
Nach Weisheit Thaten mißt
150 Und mehr als alle, die er liest,
Ein großer Weiser ist:

---

123 Am 10. Januar wurde an Friedrich von seiten des Reichs
der Krieg erklärt.

Dann sing uns alle Thaten vor,
Die wir mit ihm gethan,
Der Enkel hab' ein lauschend Ohr
Und sieh und gaff uns an.

Jetzt folgen wir dem Menschenfreund,
Den Blick gekehrt nach Wien,
Zu schlagen einen andern Feind
Und lassen diesen ziehn.

Als der König Brot und Saatkorn austeilen ließ.

1771.

Der König lebe, denn er sitzt
Auf seinem Thron, ein Vater itzt,
  Sieht Hungersnot,
  Sieht unsern Tod
Und sorgt für uns und giebt uns Brot.

Und giebt uns, lebensfroh zu sein,
Getreide, Samen auszustreun,
  Und sieht uns an,
  Der gute Mann,
Und unser Dank steigt himmelan!

Er sieht uns an und freuet sich;
Wir segnen unsern Friederich.
  Wir preisen ihn,
  Wir segnen ihn,
Wir, seine Kinder, segnen ihn.

Ein Vater war er allemal,
Wenn Hungersnot und Lebensqual,
  Von Gott gesandt,
  Das Vaterland
Schwer drückte nieder in den Sand.

Ein Held war er in Krieg und Streit,
Ein Held ist er in Friedenszeit,
  Und aller Welt
  Ist er ein Held,
Mit dem man gerne Frieden hält.

Halt ihn mit ihm, du Nachbarschaft!
Sonst fühlst du seines Armes Kraft,
Sonst fühlst du schwer
Den Geist, den er
30 Von Gott empfing, und keiner mehr.

Wohl, daß er unser König ist!
Sagt, ob ihr einen bessern wißt?
Und sagt ihr: Nein!
So stimmt mit ein:
35 Er sollte nur nicht sterblich sein.

Am Abend des Ausmarsches.

Zum letztenmale küss' ich dich,
Mein liebes Kind, und du
Zum letztenmale küsse mich
Und thu die Äuglein zu!

5 Wenn jedermann, was ihm gehört,
Erst wieder hat mit Recht:
Und wenn der Friede wiederkehrt
Ins menschliche Geschlecht;

Wenn böse Feinde nicht mehr sind
10 Um Vaterland und mich,
Dann komm' ich wieder, liebes Kind,
Und herz' und küsse dich!

Und pflege dein und sehe dir
Im Blick den Vater an,
15 Und deine Mutter hat an mir
Den bravsten Kriegesmann.

Lied am Geburtstage des Königs.

Ich bin ein Preuße, stolz bin ich,
Daß ich ein Preuße bin!
Der Landesvater Friederich
Ist Held in großem Sinn.

5 Ist Held: Er sieht mit Falkenblick
Des Vaterlandes Wohl
Und weiß, daß seiner Kinder Glück
Der Vater machen soll.

Ist Held: Er möchte Trug und List
10 Verbannen aus der Welt!

Ist Held: Er giebt Gesetz' und ist
Der erste, der sie hält;

Ist Held: wer ihm ins Auge sieht,
Sieht einen Genius
15 Der Menschheit, sieht, wie stark er glüht
Von Lieb und Herz=Erguß.

Ist Held: Er bietet keinem Trutz,
Giebt Frieden aller Welt,
Wird aller Unterdrückten Schutz
20 Für Worte, nicht für Geld!

Ist Held in Weisheit, in Verstand,
In Sanftmut, in Geduld,
Ist Held, das weiß das Vaterland
In Güte, Gnad' und Huld!

25 Der Landesvater Friederich
Ist Held in großem Sinn!
Ich bin ein Preuße, froh bin ich,
Daß ich ein Preuße bin.

Freudenlied zur letzten Geburtstagsfeier
24. Januar 1786.

Mit Pauken= und Trompetenton
Erschall's in alle Welt:
Ein Weiser stieg er auf den Thron,
Mein Friederich, mein Held!

5 War nur Monarch, war nicht Despot,
Macht ging ihm nie vor Recht;
War unser erster Patriot,
Des Vaterlandes Knecht!

_____

5 Mit Bezug auf Friedrichs bekannten Ausspruch: „Ich bin der
erste Diener des Staats."

Knecht immer mehr, als alle wir,
10 In Arbeit Tag und Nacht;
Bei der hab' ich, der Grenadier,
Ihn hundertmal bewacht!

Und, was nicht zu vergessen ist,
Er liebte Tugend sehr,
15 War wenig nur in Worten Christ,
In Thaten desto mehr!

Hingehend seinen festen Gang
Auf seiner Sonnenbahn
Hat er in Schicksals Sturm und Drang
20 Unglaubliches gethan!

Der Freuden hatt' er wenig hier,
War selten seiner froh;
Schlief oft, das weiß sein Grenadier,
Im Feld auf Stein und Stroh!

25 Der du den hohen Himmel wölbst,
Du wirst ihn dort erfreun,
Er ließ uns alle Freiheit, selbst
Die Freiheit — dumm zu sein.

4. Anakreontische Lieder.

Ermahnung zur Weisheit.

Laßt uns weise sein
Beim Geruch der Nelken!
Freunde, zieht ihn ein,
Ehe sie verwelken.

5 Laßt uns weise sein,
Weil uns Lust und Leben,
Weil uns Durst und Wein
Noch die Götter geben.

An den gelehrten Duns.

Laß uns die Vernunft vertrinken,
Grundgelehrter Duns!
Laß uns die Vernunft vertrinken:
Denn was nützt sie uns?
5 Unsre neuen Weisen lehren
Alles um und um,
Allzuklug sind ihre Lehren:
Allzuklug ist dumm.
Alles wollen sie ergrübeln,
10 Alles, Gott und Wein,
Trinkern wär' es zu verübeln
Allzuklug zu sein.

5. Aus den Fabeln und Erzählungen.

Die Milchfrau.

Nachlässig aufgeschürzt, zwo Gürtel um den Leib,
Auf leichten Füßen ging ein artig Bauerweib
Frühmorgens nach der Stadt und trug auf ihrem Kopfe
Vier Stübchen süße Milch in einem großen Topfe.
5 Sie lief und wollte gern „Kauft Milch!" am ersten schrein.
„Denn", dachte sie bei sich, „die erste Milch ist teuer.
Ich nehme heut, will's Gott, zwölf bare Groschen ein
Und kaufe mir dafür ein halbes Hundert Eier.
Die bringt mein einzig Huhn mir dann auf einmal aus.
10 Gras stehet rund herum um unser kleines Haus:
Da werden sie sich schon im Grünen selbst ernähren,
Die kleinen Kuchelchen, die meine Stimme hören.
Und ganz gewiß, der Fuchs muß mir sehr listig sein,
Läßt er mir nicht so viel, daß ich ein kleines Schwein,
15 Nur eins zum wenigsten, dafür ertauschen kann.
Wenn ich mich etwa schon darauf im Geiste freue,
So denk' ich nur dabei an meinen lieben Mann.
Zu mästen kostet es ja nur ein wenig Kleie.
Ist es dann fett gemacht, dann kauf' ich eine Kuh

Duns, engl. dunce, Dummkopf. Davon Dunciade, ein satirisches
Heldengedicht von Pope.

30 In unsern kleinen Stall, auch wohl ein Kalb dazu.
Das will ich allemal selbst vor den Hirten bringen.
Wie fröhlich wird es dann um seine Mutter springen!"
„Hei", sagt sie, und springt auch. Und von dem Kopfe fällt
Der Topf mit Milch herab, und ach! ihr bares Geld,
25 Und Kalb und ihre Kuh, Glück, Reichtum und Vergnügen
Sieht sie nun vor sich da in kleinen Scherben liegen.
Betrübt steht sie dabei, schielt sie barmherzig an:
„Die schöne weiße Milch," sagt sie, „auf schwarzer Erde!"
Weint laut und geht nach Haus, erzählt es ihrem Mann,
30 Der ihr entgegenkommt, mit zitternder Gebärde.
Was sagte der dazu? Erst sah er ernsthaft aus,
Als wär' er bös' auf sie, ging schweigend in das Haus,
Kehrt' aber um und sprach: „Schatz, bau ein andermal
Nicht Schlösser in die Luft! Man bauet seine Qual.
35 Am Wagen, welcher läuft, dreht sich so schnell kein Rad,
Als sie verschwinden in den Wind!
Wir haben alles Glück, das unser Junker hat,
Wenn wir zufrieden sind."

IX.
Karl Wilhelm Ramler.

geb. zu Kolberg 25. Febr. 1725, besuchte Schule und Universität zu Halle und lebte seit
1745 mit geringer Unterbrechung erst als Hauslehrer, dann als Professor der schönen
Litteratur an der Kadettenschule, endlich als Mitdirektor der Königl. Schauspiele in
Berlin, wo er 1798 starb.

Er war kein eigentlich dichterisches, wohl aber ein bedeutendes
formales Talent. Befreundet mit Gleim und Kleist, stimmte er mit
ihnen in die Verherrlichung Friedrichs d. Gr. ein. Kleist sandte ihm
seine Gedichte zur Begutachtung, und nach Kleists Tode gab er sie heraus, aber zum Teil so überarbeitet, daß von der ursprünglichen Gestalt
wenig mehr vorhanden war. Seine eigentliche Bedeutung lag in seinen
Übersetzungen, besonders Horazischer Oden, die für die Bildung des
Formgefühls entschieden von Einfluß gewesen sind.

„Ramler singt auf eine andere, höchst würdige Weise die Thaten
seines Königs. Alle seine Gedichte sind gehaltvoll, beschäftigen uns nur

---

37 Junker, die allgemeine Bezeichnung für den adligen Gutsherrn,
aus dem mhd. junkherre, der junge Adlige, so lange er Knappe war.

großen, herzerhebenden Gegenständen und behaupten schon dadurch einen
unzerstörlichen Wert." (Goethe, Dichtung u Wahrheit. VII).

1. An den Frieden.
1760.

Wo bist du hingeflohn, geliebter Friede?
Gen Himmel, in dein mütterliches Land?
Hast du dich, ihrer Ungerechtigkeiten müde,
Ganz von der Erde weggewandt?

Wohnst du nicht noch auf einer von den Fluren
Des Oceans, in Klippen tief versteckt,
Wohin kein Wucherer, keine Missethäter fuhren,
Die kein Eroberer entdeckt?

Nicht, wo mit Wüsten rings umher bewehret,
Der Wilde sich in deinem Himmel dünkt?
Sich ruhig von den Früchten seines Palmbaums nähret?
Vom Safte seines Palmbaums trinkt?

O, wo du wohnst, laß endlich dich erbitten!
Komm wieder, wo dein süßer Feldgesang
Von herdevollen Hügeln und aus Weinbeerhütten
Und unter Kornaltären klang.

Sieh diese Schäfersitze, deine Freude,
Wie Städte lang, wie Rosengärten schön,
Nun sparsam, nun wie Bäumchen auf verbrannter Heide,
Wie Gras auf öden Mauern stehn.

Die Winzerinnen halten nicht mehr Tänze,
Die jüngst verlobte Garbenbinderin
Trägt, ohne Saitenspiel und Lieder, ihre Kränze
Zum Dankaltare weinend hin.

Dennoch! Der Krieg verwüstet Saat und Reben
Und Korn und Most! vertilget Frucht und Stamm,
Erwürgt die frommen Mütter, die die Milch uns geben,
Erwürgt das kleine fromme Lamm.

Mit unsern Rossen fährt er Donnerwagen,
Mit unsern Sicheln mäht er Menschen ab;
Den Vater hat er jüngst, er hat den Mann erschlagen,
Nun fordert er den Knaben ab.

Erbarme dich des langen Jammers! rette
Von deinem Volk den armen Überrest!
Bind' an der Hölle Thor mit siebenfacher Kette
Auf ewig den Verderber fest.

---

2. Auf die Wiederkunft des Königs.

Berlin, den 30. März 1763.

Der Held, um den du bebtest, wann im Streite,
Wohin ihn dein Verhängnis trug,
Der eh'rne Donner von den Bergen ihm zur Seite
Die Feldherrn niederschlug:

    Da wider ihn mehr Feinde sich gesellten,
Als dir die Nachwelt glauben darf,
Und er sich mit entschloßner Seele zweien Welten
Allein entgegenwarf;

    Dein König, o Berlin, durch den du weiser
Als alle deine Schwestern bist,
Voll Künste deine Thore, Felsen deine Häuser,
Die Flur ein Garten ist;

    Dein Vater, der dich oft in deinem Mangel
Gespeist, — kehrt wieder in dein Land,
Und hat in Fesseln an der Höllenpforten Angel
Die Zwietracht hingebannt.

    Fall an sein Herz, o Königin, mit Zähren
Der Freude! Fleuch an seine Brust,
Amalia, von deinen frommen Dankaltären,
Und rede, wenn die Lust

    Dich reden läßt! Vermählte seiner Brüder,
Küßt sein friedselig Angesicht:
Willkommen, Schutzgeist deines Volkes! und sagt wieder:
Willkommen! und mehr nicht.

    Ihr Jungfraun, deckt mit immergrünen Zweigen,
Mit einem ganzen Lorbeerhain
Den Weg! mischt Blumen, die der offnen Erd' entsteigen,
Und frühe Blüte drein!

---

21 Der Dichter fordert die Königin und mit ihr alle Frauen der
königlichen Familie auf, dem Könige ihren Dank entgegenzubringen.

Ihr edeln Mütter, opfert Spezereien,
Die Maraba den Tempeln zollt,
Da, wo sein goldner Wagen durch gedrängte Reihen
Entzückter Augen rollt.
Heil uns, daß unser Morgen in die Tage
Des einzigen Monarchen fiel!
So sagt ihr Jünglinge. Du, Chor der Alten, sage:
Heil uns, daß wir das Ziel
So viel gekrönter Thaten sahn! wir sterben
Von Wonne trunken: Friederich
Bleibt hinter uns; ihr stolzen Enkel sollt ihn erben!
Triumph! so sag' auch ich,

Wenn unter hohen, jubelvollen Zungen
Ein süßer Ton auch mir geriet:
Triumph! ich hab' ein Lied dem Göttlichen gesungen,
Und ihm gefällt mein Lied.

30 Maraba, Hauptstadt von Arabian felix. Heimat des Weih
rauchs und der Spezereien.

— • —

Halle a. S., Buchdruckerei des Waisenhauses.